Hans Michael Engelke

MALLORCA

mit Ibiza & Barcelona

auf dem Motorrad entdecken

Biker Betten
Motorrad Reisebuch

WWW.ENGELKE.TV
WWW.ENGELKE.TV

Hans Michael und Angelika Engelke sind begeisterte Motorradjournalisten und Fotografen.

Mallorca, das ist für Kiki, die beste Sozia der Welt, und mich eine Insel voller Sonne, bildschöner Landschaften, interessanter Orte, spektakulärer Bergstraßen, traumhafter Küsten und nie langweilig werdender Nebenstrecken. Fernab des Trubels und Nachtlebens gibt es für uns ein zweites Mallorca: das der Ruhe und Beschaulichkeit, das der einsamen Badebuchten und das der kargen, schroffen und entlegenen Bergwelt.

Mallorca zieht uns immer wieder in ihren Bann. Schon oft waren wir mit dem Motorrad auf der Insel unterwegs. Manchmal mit dem Mietmotorrad, aber auch nach einer langen Fährfahrt mit dem eigenen Zweirad. Jedes Mal, wenn wir über die spannenden Wege der sonnenverwöhnten Baleareninsel rollen, entdecken wir etwas Neues – und auch wenn wir den gleichen Weg mehrmals gefahren sind, so ändern sich im Wechsel der Jahreszeiten auch die Eindrücke. Was im Frühjahr grün und farbenkräftig blüht, darbt in der spätsommerlichen Hitze und dem Wassermangel. Wenn bei uns zu Hause ungemütliche Graupelschauer niedergehen und niemand mehr freiwillig vor die Türe geht, lässt es sich auf der Sonneninsel oft noch entspannt cruisen und reisen.

Riesige Vielfalt

Mallorca ist nicht nur ein Ganzjahresziel, die größte Insel der Balearen-Gruppe ist auch das ideale Areal für einen Kurzurlaub. Es gibt unzählige Flugverbindungen für kleines Geld, die auch einen Kurztrip von drei oder vier Tagen erschwinglich machen. Mal eben für ein verlängertes Wochenende zum Motorradfahren mitten ins Mittelmeer? Kein Problem! Und wenn dann doch mal vierzehn Tage Zeit ist? Auch kein Thema! Bade- und Wanderurlaub lässt sich prima mit Motorradfahren kombinieren, schließlich erreicht man mit dem Zweirad auch die einsamsten Strände und Buchten und die entlegensten Pfade.

Mallorcas Vielfalt ist riesig. Im Nordwesten locken die grandiosen und aussichtsreichen Serpentinenstrecken der Serra de Tramuntana mit ihren abenteuerlichen Verläufen.

An der Nordspitze wartet das Cap de Formentor mit seiner unvergleichlichen Felslandschaft auf Besucher. Die riesige zentrale Ebene Es Pla will auf urigen Nebenstrecken und auf staubigen Pisten entdeckt werden. Hier ist Mallorca noch ursprünglich, einsam und authentisch. Im Süden, rund um die Serra de Llevant, liegen einsame Badebuchten und nette Hafenstädtchen, interessante Straßen direkt an der felsigen Küste und die in der Sonne weiß glitzernden Salzberge der historischen Salinen.

Einsame Nebenstrecken

Die in diesem Buch vorliegenden Routen sind unsere Lieblingsstrecken auf der Insel. Natürlich lassen sie sich alle miteinander kombinieren oder auch nur in Teilstücken befahren. Auch zwischen den Rundtouren liegen noch hochinteressante, kaum befahrene Nebenstrecken. Man kann auch einfach mal losfahren, sich treiben lassen und schauen, wo man herauskommt. Keine Angst, verfahren ist kaum möglich. Mit einer Karte oder dem Navi findet man immer wieder in die richtige Richtung. Und nur keine Scheu, auch in den entlegensten Dörfern Mallorcas freut man sich über Besucher und in der Bar irgendwo auf dem Dorf wird man meist besonders freundlich begrüßt.

Noch ein Tipp: Natürlich muss man nicht perfekt spanisch sprechen, um auf Mallorca klar zu kommen. Fast überall finden sich Menschen, die auch deutsch oder englisch sprechen. Aber die Kenntnis einiger weniger Worte öffnet sofort Türen und Herzen. Ein freundliches „Hola!“ bei der Begegnung oder ein nettes „Gracias!“ als Dankeschön zeugen von Respekt und Höflichkeit.

Feuer und Flamme

Kiki und ich würden uns sehr freuen, wenn dieser Band und die vielen schönen Fotos einfach Lust aufs Losfahren machen. Gerne möchten wir unsere Begeisterung für die Motorradinsel Mallorca teilen und hoffen, den einen oder anderen damit anzustecken. Wir sind überzeugt: Wer einmal dort war, wird ebenso Feuer und Flamme für die Insel sein wie wir. Übrigens, wer von Spanien gar nicht genug bekommen kann, darf sich jetzt schon freuen. Wenn dieses Buch erscheint, stecken wir bereits mitten in der Arbeit für unseren nächsten Spanien-Band. Darin werden sich viele Touren über die ganze Iberische Halbinsel finden. Schauen Sie doch mal auf unserer Internetseite **www.engelke.tv** vorbei, wo wir gerade sind. Vielleicht treffen wir uns ja mal irgendwo auf den Straßen Europas, das wäre klasse!

Bis dahin wünschen wir eine gute Reise und viel Vergnügen auf der sonnigen Insel Mallorca,

Hans Michael und Angelika Engelke

Mallorquin Bikes
BMW
GS

E09
Lleida
E90
AP-2
Terrassa
Sabadell
Girona
8
Barcelona
Tarragona
AP-7
3
4
2
Alcúdia
1
Manacor
Palma d.M.
6
7
5
Eivissa (Ibiza)

Sa Calobra

Die Fahrt auf der Ma-2141 von der Serra de Tramuntana hinunter an die Cala de sa Calobra bleibt nicht nur wegen der grandiosen Streckenführung im Gedächtnis.

GPS 39.832318, 2.815957

Cap de Formentor

20 Kilometer grandioser Fahrspaß: Die Ma-2210 führt weit hinaus aufs Cap de Formentor und bietet unvergleichliche Panoramen.

GPS 39.961134, 3.212091

Mallorcas **Westspitze**

Die hoch über dem Mittelmeer in den steilen Hängen der Serra de Tramuntana verlaufende Ma-10 ist eine der schönsten Küstenstraßen der Insel.

GPS 39.645447, 2.451764

Küstenstraße unterhalb der Tramuntana zwischen Valldemossa und Sóller.

Die Sonneninsel

Unzählige Sonnenstunden und traumhafte Landschaften – Mallorca lockt als Ganzjahresziel für Motorradfahrer.

Mallorca ist die größte der Baleareninseln im westlichen Mittelmeer und liegt etwa 170 Kilometer vor der spanischen Festlandküste bei Barcelona. Palma, früher auch Palma de Mallorca genannt, ist nicht nur die Hauptstadt der Insel, sondern auch der gesamten Balearengruppe. Zu dieser gehören noch Menorca, Ibiza und Formentera sowie zahlreiche kleinere und unbewohnte Inseln. Die Balearen bilden eine autonome Gemeinschaft innerhalb des spanischen Staats. Mallorca ist die siebtgrößte Mittelmeerinsel; Amtssprachen sind Katalanisch und Spanisch.

Von West nach Ost misst die Insel knapp 100 Kilometer, von Nord nach Süd rund 80 Kilometer. Da die Küstenlinie stellenweise zerklüftet ist, beträgt ihre Länge über 550 Kilometer. Mallorcas Größe liegt bei etwa 3 640 Quadratkilometern, darauf leben rund 850 000 Einwohner. Knapp die Hälfte davon alleine in der Inselhauptstadt. Die Einwohner Mallorcas, die Mallorquiner, erarbeiten eines der höchsten Pro-Kopf-Einkommen Spaniens.

Davon entfallen drei Viertel auf den Tourismus, aber nur noch zweieinhalb Prozent auf die Landwirtschaft, obwohl drei Viertel der Fläche Mallorcas landwirtschaftlich genutzt wird.

Räumlich und geologisch wird Mallorca in sechs Landschaftszonen eingeteilt. Am markantesten ist die Serra de Tramuntana, ein bis zu 15 Kilometer breiter Streifen parallel der kompletten Nordküste. Auf diesem Streifen liegt ein Gebirgszug mit elf Gipfeln über 1000 Metern Höhe; darunter der höchste Berg der Insel: der 1445 Meter hohe Puig Major. Der Küstenstreifen ist meist felsig und steil. Südlich der Tramuntana schließt sich die Region Es Raigeur an, die Zone des Übergangs vom Gebirge in die Ebene Es Plà. Durch die Niederschläge im Gebirge gibt es hier reichlich Wasser, jedoch nur wenig nutzbare eben Fläche. Südöstlich liegt die Region Palma rund um die große Bucht der Inselhauptstadt. Flächenmäßig ist sie die kleinste, hat aber den höchsten Bevölkerungsanteil.

Die drei Landschaftszonen auf der südlichen Seite der Insel sind die Ebene Plà de Mallorca oder Es Plà. Sie bildet die zentrale Ebene der Insel, ist Kornkammer und Anbaugebiet der meisten landwirtschaftlichen Produkte und leckerer Weine. Hier wird es im Sommer richtig heiß. Im Osten liegt an der Bucht von Alcúdia der Badeort Can Picafort. Ganz im Osten der Insel liegt als fünfte Landschaftszone der Gebirgszug Serres de Llevant, weniger spektakulär als die Tramuntana. Der höchste Gipfel ist der 561Meter hohe Puig Morei. Hauptort der Region Llevant ist Manacor. Sechste und letzte Zone ganz im Süden ist schließlich der Migjorn. Generell eher flach, gibt es jedoch mit dem 509 Meter hohen Puig

Blick vom Santuari de Cura.

Die Küstenstraße Ma-10 bietet herrliche Ausblicke.

Sant Salvador bei Felanitx auch einen interessanten Berg, auf dessen Höhe sich das sehenswerte Kloster Santuari de Sant Salvador befindet.

Die beiden einzigen nennenswerten Gewässer Mallorcas sind die beiden Trinkwasser-Reservoirs Embassament de Cúber und Embassament de Gorg Blau. Beide wurden in den 1960er Jahren gebaut und versorgen die Region Palma mit Trinkwasser. Das würde allerdings schon lange nicht mehr reichen, deshalb laufen bei Palma, Andratx und Alcúdia Entsalzungsanlagen, die aus dem reichlich vorhandenen Meerwasser genießbares Nass machen. Deià, Valldemossa, Banyalbufar und weitere Dörfer erlassen mitunter Verfügungen, die ihre Bürger zum sparsamen Wasserverbrauch verpflichten – und dies auch kontrollieren. Dauerhaft wasserführende Flüsse gibt es auf Mallorca nicht. Regnet es im Gebirge heftig, fließt das Wasser über sogenannte Torrents, in der meisten Zeit ausgetrocknete Sturzbäche, ins Meer ab.

GESCHICHTE

Wann Mallorca erstmalig besiedelt wurde, lässt sich nicht mit exakter Sicherheit sagen. Funde wie Knochen und Feuersteine belegen eine Besiedlung ab etwa 4 000 v. Chr. Aus der Zeit ab etwa 1500 v. Chr. sind hufeisenförmige Steinbauten, die Naviformes, überliefert, deren Baustil eine Besiedelung aus Korsika oder Sardinien nahelegt. Bis zum Beginn unserer Zeitrechnung entstanden später die Talaiots, größere Türme, zum Teil mit Innenräumen und mehreren Stockwerken. In diese Zeit fällt auch der erste Handel mit den Karthagern, an dessen Seite die Balearen von 264 bis 146 v. Chr. in den punischen Kriegen gegen Rom kämpften. Karthago unterlag und 123 v. Chr. besetzten die Römer die Insel. Unter der römischen Herrschaft ging es der Insel dank der zentralen Lage im Mittelmeer gut, aber bereits 426 plünderten und zerstörten die Vandalen Teile Mallorcas. Im späteren Verlauf kam Mallorca unter byzantinische Hoheit, im Jahr 707 landeten arabische Truppen, wurden jedoch von den Franken zurückgeschlagen. Bisweilen plünderten auch die Wikinger auf Mallorca. Später herrschten Mauren und Araber. 1229 schlug Jaume I. von Aragón und Katalonien die Mauren in die Flucht und gründete das Königreich Mallorca. Unter seinen Erben verlor die Insel jedoch später wieder ihre Unabhängigkeit und geriet wieder unter die Krone Spaniens.

1983 wurden die Balearen zum autonomen Territorium mit einer ebensolchen Regierung. Ein eigener administrativer Rat hat heute weitgehende Kompetenzen zur Gesetzgebung und zum Vollzug. Die eigenen Rechte und Befugnisse können diese autonomen Territorien jedoch nicht eigenmächtig ändern, da dafür stets eine Zustimmung des gesamtspanischen Parlaments nötig ist.

MANDELBLÜTE

Sie ist geradezu legendär und läutet das mallorquinische Frühjahr ein – die Mandelblüte. In der zweiten Winterhälfte, etwa ab Ende Januar bis zum Beginn des Frühlings in der Mitte des Monats März verwandelt sie große Teile der Insel in ein herrlich duftendes und bezaubernd anzuschauendes Blütenmeer. In leuchtendem Rosa und strahlendem Weiß schmücken Millionen Blüten ganze Landstriche. Während bei uns der Schnee fällt oder nasses Grau vorherrscht, locken auf Mallorca bereits Tagestemperaturen von bis zu 20 Grad – ideale Bedingungen für die Knospen der Mandelbäume. Je nach Wetter und Mikroklima blühen sie auch nicht alle gleichzeitig.

Im Frühjahr bezaubert die Mandelblüte.

Stattliche Olivenhaine zwischen Sóller und Bunyola.

So präsentieren die Bäume der Tramuntana ihre Pracht meist erst etwas später als die der Ebenen.

Bereits im zehnten Jahrhundert brachten die einwandernden Mauren den Mandelbaum aus dem Orient mit. Das milde Klima begünstigte die Verbreitung. Dazu kam die zerstörerische Reblaus-Plage, die im 19. Jahrhundert zahlreiche Weinstöcke auf der Insel zerstörte. Viele Weinbauern sattelten damals auf Mandeln um. Angeblich sind es heute bereits über sieben Millionen Mandelbäume, die sich über Wochen von ihrer schönsten Seite zeigen. Damit ist Mallorca eines der größten Mandelanbaugebiete der Welt.

Die Mandeln selber, also die Samen des Mandelbaums, der zur Familie der Rosengewächse gehört, werden als Nahrungsmittel und im Kosmetikbereich genutzt und natürlich begegnet man ihnen auf der Insel immer wieder. Uns sind sie in dem köstlichen Gato de Almendra am liebsten. Der saftige Mandelkuchen wird nach altem Rezept mit einem Hauch Zitrone und Zimt gebacken und verwandelt sich mit einer Kugel Vanilleeis zum echten Gedicht. Danach gibt's einen schmackhaften Flor d'Amentella. Der leckere Mandellikör überzeugt mit dem intensiven und feinen Aroma der mallorquinischen Mandeln.

KULINARISCHES

Natürlich denkt jeder im Zusammenhang von kulinarischen Genüssen und Spanien an Tapas. In der Tat sind die köstlichen Appetithappen, die gerne in Bars zu Wein und Bier gereicht werden, auch auf Mallorca weit verbreitet. Die Auswahl ist riesig und fast jede Bar und jede Bodega hat ihre eigenen Spezialitäten. Ob Boquerones fritos (frittierte Sardellen) oder die köstlichen Ciruelas (mit Speck ummantelten und gebratenen Pflaumen), ob Jamón Serrano (der herzhafte Serrano-Schinken) oder kleine frittierte Tintenfische (Pulpos) – der Fantasie sind keine Grenzen gesetzt.

Die gebräuchlichste Erklärung zur Entstehung dieser Leckerei führt übrigens auf den Brauch zurück, alkoholische Getränke abzudecken. Wurde der Deckel erst mit einer Olive beschwert, damit er nicht verweht wurde, entwickelten sich aus der Olive im Lauf der Zeit immer schmackhaftere Häppchen. Ein Hoch auf die Evolution!

Aber natürlich hat die mallorquinische Küche weitaus mehr zu bieten. Traditionell gibt sie sich gerne deftig. Die Zutaten werden überwiegend auf der Insel angebaut. Dazu gehören Lamm, Schwein und Fisch genauso wie die aromatischen Tomaten, Auberginen, Zucchini oder Paprika. Gewürzt wird mediterran: Knoblauch und Olivenöl dürfen nicht fehlen. Wie schon eingehend beschrieben, finden sich natürlich auch die Samen der sieben Millionen Mandelbäume in den verschiedensten Rezepten wieder.

UNSER TIPP: Unbedingt die pikante Sobrasada probieren. Die mallorquinische Wurst wird aus rohem und an der Luft getrocknetem Schweinehackfleisch hergestellt. Verfeinert mit rotem Paprikapulver, Salz und diversen Gewürzen darf die Wurst nach

Der Besuch eines Marktes gehört zu jedem Mallorca-Aufenthalt unbedingt dazu.

Leckere Tapas: typisch spanische Köstlichkeiten.

traditionellen Herstellungsverfahren noch langsam weiterreifen. Reif zum Verzehr ist sie eher von weicher Konsistenz und schmeckt traumhaft zu frischem Brot. Wer es richtig wissen will, wählt die Variante Cerdo Negro, welche ausschließlich vom schwarzen Schwein hergestellt wird. Das Porc Negre wird auf Mallorca traditionell gezüchtet und gefüttert – man schmeckt's.

Mallorca ist eine Insel, entsprechend stehen auf der Karte üblicherweise reichlich Pescados y Frutas del Mar: Fisch und Meeresfrüchte. Tintenfische, Sardinen, Langusten oder Makrelen sind beliebt und lecker. Bacalao, das einstige Arme-Leute-Essen, schmeckt köstlich. Der gesalzene und an der Luft getrocknete Stockfisch wird häufig gebraten und mit Tomaten und Zucchini verzehrt – nach der Zubereitung schmeckt er übrigens gar nicht mehr salzig. Nicht minder beliebt sind auch die gegrillten Garnelen, die Gambas a la Plancha oder die frischen Muscheln in fruchtiger Weinsoße, die Mejillones a la Marinera. Und ja, auch wenn nicht unbedingt typisch und traditionell für Mallorca, die herzhafte Paella aus Reis, Huhn, Schwein und Kaninchen sowie zahlreichen Gemüsesorten, wie Tomaten, Paprika, Erbsen und mehr schmeckt fantastisch. Es gibt sie übrigens auch gerne mit Muscheln, Fisch und Garnelen statt Fleisch.

Was wäre die Insel ohne ihre Naschereien, allem vorweg die Ensaimada de Mallorca. Das süße Hefegebäck mit seiner geschützten geografischen Angabe wird häufig bereits zum Frühstück gegessen. Hergestellt werden die genialen Kringel aus Mehl, Hefe, Eiern, Zucker und Milch sowie etwas Olivenöl und Schweineschmalz. Mit Puderzucker bestreut oder mit Konfitüre oder Vanillepudding gefüllt sind sie aus den Bäckereien und Bars nicht wegzudenken. Wie schon erwähnt, der mallorquinische Mandelkuchen darf nicht fehlen. Ob als Dessert oder im Café als leckere Beilage zum Kaffee, er muss einfach probiert werden.

Getränke auf Mallorca – Grundsätzlich unterscheidet sich das Thema nicht vom spanischen Festland. Einzig der Palo macht eine Ausnahme. Der süße Likör aus gebranntem Zucker mit Chinin und gekochten Orangen- und Zitronenschalen wird gerne vor dem Essen gereicht. Ein kühles, erfrischendes Cerveza – ein Bier – tut immer gut. Natürlich gibt es fast alle deutschen Marken, aber die kann man auch zu Hause trinken. Neben dem spanischen San Miguel, fast überall erhältlich, gibt es auf der Insel aber auch immer mehr interessante Handwerksbrauereien, die Cervezas Artesanales. Diese auch Craft Brewery genannten Betriebe brauen kleine, aber äußerst leckere Mengen des kühlen Stoffes.

Die Brauerei Forastera in Molinar de Palma verwendet ausschließlich mallorquinisches Wasser, in Algaida wird das Cervesa del Pla von Hand und ohne jegliche Zusatzstoffe gebraut, in der Tramuntana braut die Marke Sullerica ein dunkles und starkes Hammer-Bier mit sechs Prozent und unter der Marke Tramuntana werden gleich drei köstliche mallorquinische Sorten gebraut – alle nur zu empfehlen.

Die Vielfalt an Weinen auf Mallorca ist groß. Früher waren sie sehr gut, dann gab es eine Zeit, wo mehr auf Quantität als auf Qualität geachtet wurde, heute kehrt sich dieser Trend zum Glück wieder um. Es würde den Rahmen dieses Buches sprengen, das eine oder andere Weingut zu empfehlen. Kiki und ich halten uns meist an die Empfehlung oder ordern guten Gewissens den Vino de la Casa, den Wein des Hauses.

Unterwegs mit dem Motorrad gönnen wir uns regelmäßig Vitaminbomben in Form eines frisch gepressten Orangensafts aus heimischer Ernte. Und zum Schluss gibt's den obligatorischen Kaffee, entweder einen Café solo (Espresso) oder Café con leche. (mit Milch). Zu besonders genussvollen Gelegenheiten bitten wir um einen Café carajillo, dann wird der kleine, starke Café solo mit einem Weinbrand getunt. Zum Wohl! ◄

Perfekte Erfrischung: eiskalte Zitrone und heißer Kaffee.

Im wilden **Westen**

Die westliche Spitze der größten Baleareninsel ist zugleich der Westen der Serra de Tramuntana, des 15 Kilometer langen Gebirgszuges mit elf Gipfeln über 1000 Meter Höhe. Das verspricht reichlich Fahrspaß in fantastischer Landschaft. Hier wechseln sich tolle Küstenstraßen mit herrlichen Bergstrecken ab.

Spannende Bergstrecke bei Galilea.

Serra de Tramuntana
PALMA de Mallorca
Andratx
Port d'Andratx
Calvià
Puigpunyent
Esporles
Valldemossa
Deià
Banyalbufar
Estellencs
Peguera
Costa de Sa Calma
Santa Ponça
Magaluf
Palmanova
Portals Nous
Sant Elm
S'Arracó
Es Capdellà
Galilea
Establiments
Sa Vileta
Gènova
Cala Major
Cala d'en Blanes
Portals Vells
El Toro
Sol de Mallorca
Cap de Cala Figuera
Torre del Verger (Torre Talaia de Ses Animes)
Mirador de Ricard Roca
La Trapa (ruinas)
Castell de Sant Elm
Castell de Son Mas
Virgen el Carmen
Castell de Bendinat
Sant Sebastià
Castell de Bellver
Ermita de Maristella
Son Marroig
Mansión de Miramar
Mirador de ses Pites
Ermita de la Trinitat
Cartoixa
Reserva Puig de Galatzó
Galatzó 1026
Serra d'es Pinotells
Serra de Na Burguesa
Serra de Cans
Coll de sa Gran Mola (343)
Coll d'es Vent (395)
Ensenada de Santa Ponça
Badía de Palma
Ma-1
Ma-10
Ma-1020
Ma-1030
Ma-1031
Ma-1032
Ma-1012
Ma-1014
Ma-1015
Ma-1016
Ma-1041
Ma-1042
Ma-1043
Ma-1100
Ma-1101
Ma-1110
Ma-1120
Ma-1130
Ma-1040

TOUREN-STECKBRIEF

BASISORT

Palma (39.567173, 2.645473)

STRECKENLÄNGE

ca. 135 km

DAUER DER TOUR

4-5 Stunden

ROADBOOK

Palma, Calvià, es Capdella, Port d'Andratx, Andratx, Mirador Ricardo Roca, Estellencs, Banyalbufar, Esporles, Puigpunyent, Galilea, es Capdella, Calvià, Palma.

HIGHLIGHTS

Der gut 30 Kilometer lange Streckenabschnitt der Ma-10 zwischen Andratx und Esporles zählt zu den schönsten Routen Mallorcas: Landschaft und Fahrspaß pur (39.645532, 2.451866 Mirador Ricardo Roca).

Auch die abwechslungsreiche, teilweise schmale Ma-1101/ Ma1032 zwischen Esporles und es Capdellà hinterlässt einige tolle und bleibende Eindrücke (39.607982, 2.504286 Galilea).

Estellencs liegt zu Füßen der Terrassenfelder.

Palma, die Hauptstadt Mallorcas.

Palma, die quirlige Hauptstadt Mallorcas und das politische und wirtschaftliche Zentrum der Balearen, ist der Ausgangspunkt dieser spannenden und abwechslungsreichen Tour. Mitten im Zentrum, ganz in der Nähe der gotischen Kathedrale La Seu, gönnen Kiki, die beste Sozia der Welt, und ich uns ein leckeres Frühstück in einem der einladenden Straßencafés. Gestern Abend waren wir durch die engen Gassen der

Altstadt gebummelt, haben uns vom Besucherstrom durch die Inselhauptstadt treiben lassen und schlenderten durch die alten, historischen Stadtteile.

Spaßige Kurvenstrecken

Heute wollen wir den äußersten Westen der Insel erkunden und so sitzen wir schon bald auf unserem Mopped und verlassen Palma auf der Ma-1043 in nordwestlicher Richtung. Keine zwei Kilometer vom Hafen Port de Palma entfernt überqueren wir die Autobahn Ma-20 und finden uns schon auf der ersten spaßigen Kurvenstrecke wieder. In wilden Schwüngen mäandert die schmale Straße durch die Serra de na Burguesa bevor sie auf die Ma-1016 mündet. An der Abzweigung folgen wir den Schildern nach Calvià und wenige Minuten später rollen wir durch dessen Zentrum mit kleinen Läden und einigen Cafés. Calvià ist bekannt für seine zahlreichen Bräuche und Feste, der Veranstaltungskalender der Gemeinde ist lang. Montags findet auf der Carrer de Germans Montcada ein großer Wochenmarkt statt. In einem der kleinen Lebensmittelläden versorgen wir uns mit leckeren frischen Zutaten für unser obligatorisches Picknick.

Westlich führt die Ma-1015 aus Calvià hinaus, führt uns wenig später durch das schöne es Capdellà. Mitten im Ort heißt es links abbiegen. Die Ma-1012 führt schnurstracks gen Süden und damit wieder hinunter an die Küste nach Peguera. Für ein erfrischendes Bad an dessen feinsandigem Strand ist es uns aber noch zu früh. Mit einer schnellen, aber kurzen Etappe auf der Ma-1 erreichen wir über die geschwungene Ma-1020 bald darauf Port d'Andratx. Der malerische Hafen liegt etwa fünf Kilometer von Andratx Stadt entfernt und gilt für viele Mallorquiner als einer der hübschesten Hafen des ganzen Mittelmeers. In dem stylischen Hafen liegen nicht nur jede

Blick von der Küstenstraße Ma-10.

Menge beeindruckender Yachten und Boote – Port d'Andratx ist auch immer noch ein betriebsamer Fischerhafen. Einfach ein schöner Platz, wo bei einem Kaffee oder einem kühlen Getränk in einer der Bars oder Cafés relaxed das maritime Leben genossen werden kann.

Und wer schon mal hier ganz im Westen ist, der muss natürlich auch noch einen Abstecher zum Cap de sa Mola machen. Die atemberaubende Aussicht von der Steilküste des Caps reicht bei guter Sicht bis weit hinüber zur Nachbarinsel Ibiza und natürlich auch auf die nahegelegene Insel Illa sa

Die Bucht von Port d'Andratx.

Für die kleine Pause: Café in Port d'Andratx.

Dragonera, die sich ab Sant Elm mit einem Boot anfahren lässt.

Von Port d'Andratx steuern wir den gleichnamigen Hauptort Andratx abseits der Küste an. Ab hier startet die grandiose Ma-10. Nicht umsonst gelten die folgenden gut 30 Kilometer als eine der schönsten Straßen Mallorcas. Hier rücken die mächtigen Gipfel der Tramuntana nahe an des Meer heran und der Asphalt schlängelt sich spektakulär oberhalb des Meeres durch die Berghänge.

Serpentinenspaß

Oberhalb der Cala de ses Ortigues kündigen einige Serpentinen ein herrlichen Aussichtspunkt an, dann geht es durch einen kleinen Tunnel und nur wenige Minuten später rollen wir am Mirador Ricardo Roca aus. Hier lockt nicht nur der hoch über dem Meer gelegene Aussichtspunkt mit seinem

Kurvenschild: da freut sich der Motorradfahrer.

wirklich außergewöhnlichen Panorama, gleich nebenan liegt auch das einladende Restaurant „Es Grau". Nur ganz wenige Lokalitäten Mallorcas können mit einer solchen Terrasse aufwarten. Bei fantastischer Fernsicht gibt es leckeres Essen für kleines Geld – hier lässt es sich aushalten.

Nur ein paar hundert Meter weiter, gleich unterhalb des Gipfels des mächtigen, 1026 Meter hohen Puig Galatzó, schmiegt sich Estellencs an dessen Hänge. Auf den urigen Gärten und Terrassen des malerischen Ortes werden aromatische Tomaten und köstlicher Wein angebaut. Mit der GS kur-

Das malerische Bergdorf Banyalbufar.

ven wir den steilen und engen Weg zur Bucht hinunter. Hier liegen ein paar Fischerboote, es wird getaucht und geschnorchelt. Wer am Abend in einer der kleinen Bars gleich oberhalb des Wassers sitzt, kann beim Drink malerische Sonnenuntergänge genießen.

Weinberg am Meer

Zurück auf der Ma-10 kurven wir in Richtung Banyalbufar und erreichen bald einen der beliebtesten Aussichtspunkte der Insel: den Torre des Verger. 1579 wurde der acht Meter hohe Wachturm errichtet. Von ihm überwachten die Inselbewohner die Küstenregion zum Schutz gegen die immer wiederkehrenden Piratenüberfälle. Noch heute lässt sich seine Plattform über die innen liegende Treppe erreichen, die Aussicht über die Küste über die Brüstung ist wirklich genial. Gleich hinter dem Wachturm beginnt Banyalbufar. Angeblich stammt der Ortsname von dem arabischen „buniola albahar" ab. Das bedeutet etwa „Weinberg am Meer" und tatsächlich wurde hier in der Vergangenheit ein beliebter Weißwein angebaut, der an den Höfen der Könige von Aragón sehr geschätzt war.

Heute werden auf den unzähligen mit Trockensteinmmauern befestigten Terrassen überwiegend Zitrusfrüchte und Gemüse angebaut, wenngleich die berühmte Malvasiertraube hier gerade ihre Renaissance erlebt. Die stufenartig angelegten Felder

sind mit einem ausgeklügelten Bewässerungssystem miteinander verbunden. Die Wege zwischen den Gärten bis hinauf zum Galatzó-Gipfel sind bei Wanderern außerordentlich beliebt.

Pause am Pass es Grau.

Kurvenspaß pur in der Serra de Tramuntana.

Banyalbufar entlässt uns schließlich in Richtung Osten und über die kurvenreiche und steil abfallende Ma-10 geht es in Richtung Esporles. Kurz vor dem Ort zweigt rechterhand die Ma-1101 ab. Gleich hinter der Abzweigung findet sich das sehenswerte Museu La Granja d'Esporles. Altes Handwerk, Pferde-Dressur, eine Falknerei, das Programm des Museums ist kurzweilig und wer mag, kann dem Schmied am Feuer über die Schulter schauen oder in der Weberei beeindruckende Stücke frisch aus dem Webstuhl erwerben.

Durch dichtes Grün

Schmaler Asphalt zwischen Esporles und Puigpunyent (r. Seite).

Herrliche Kilometer verspricht die nun folgende Ma-1101, die bei Puigpunyent in die Ma-1032 übergeht. Auf schmalem Asphalt, oft nur einspurig, geht es durch dichtes Grün. Kleine Rebflächen wechseln sich rechts und links der Straße mit kleinen Obstplantagen ab. Oft begrenzen urige Mauern die Strecke, unvermittelt umkurvt der Asphalt kleine Hindernisse, folgt dem Bett eines Bergbaches, um gleich darauf wieder in wilden Serpentinen und Schwüngen durch die Landschaft zu mäandern. Eine tolle Strecke, auf der die Konzentration jedoch nicht nachlassen sollte. Mehr als einmal kommt uns plötzlich auf dem schmalen Weg ein Auto oder ein Radfahrer in einer der unzähligen Kurven entgegen und dann heißt es ordentlich Bremsen.

Bei Puigpunyent geht die Ma-1101 in die Ma-1032 über und spätestens im kleinen Örtchen Galilea entschlie-

Achtung: Aussichtspunkt!

ßen wir uns, unser Picknick heute im Koffer zu lassen. Hier lockt nämlich das Cafe Sa Placa de Galilea. Auf dessen Terrasse werden nicht nur die leckersten Tapas der Region für kleines Geld gereicht, hier gibt auch eine der schönsten Aussichten auf die umliegenden Berge der Serra de Tramuntana. Das Cafe Sa Placa de Galilea ist ein echter Geheimtipp und jederzeit einen Besuch wert. Mit einem heißen Espresso runden wir den Tapas-Genuss ab und schwingen uns wieder auf die BMW. Satt und mit vollem Bauch geht es weiter durch die unzähligen Kurven zwischen den vielen Tramuntana-Gipfeln hindurch.

AUTOREN-TIPP

AUSSICHTSPUNKT NA BURGUESA Ohne Navi nicht einfach zu finden, aber absolut lohnenswert ist der Aussichtspunkt Na Burguesa oberhalb von Palma. Der Weg hoch ist steil und die Kehren extrem eng, hier trennt sich bisweilen die Spreu vom Weizen, man muss Kurven können. Belohnt wird die Auffahrt mit einer sensationellen Aussicht über die Bucht von Palma, besonders bei Sonnenuntergang. Zu erreichen ist der Punkt über die Straße Cami 736 Monument na Burguesa. Es gibt dort oben auch ein Restaurant – oder auch nicht. Der Pächter wechselt regelmäßig und man weiß nie so recht, ob dort gerade geöffnet ist oder renoviert wird. **GPS** 39.565954, 2.594548

Wir passieren trockene Kiefernwälder an steilen Berghängen. Grauer Fels huscht an uns vorbei. Es geht quer durch Olivenhaine und irgendwann führt die Straße über ein ausgetrocknetes Flussbett. Bald wird es ein wenig ebener und vor es Capdellà zieht sich der Asphalt auf einmal über viele Meter schnurgerade zwischen braunen, flachen Äckern hindurch, gesäumt von knorrigen schattenspendenden Bäumen. Hier ist zur Abwechslung auch mal wieder ein höherer Gang gefragt und wir genießen den etwas kühlenden Fahrtwind und die zügige Fahrt durch die Landschaft.

Alte Bekannte

Bei Es Capdellà treffen wir wieder auf unsere alte Bekannte, die Ma-1015. Ab hier gibt es reichlich Alternativen: Ein Abstecher zum westlichsten Punkt Mallorcas bei der vorgelagerten Insel Illa sa Dragonera, eine Fahrt hinunter an die Bucht von Peguera und ans Cap Andritxol, eine erneute Runde über die grandiose Ma-10 oder über die Serra de na Burguesa zurück in die Inselhauptstadt. Wir entschließen uns für heute zu Letzterem. Schließlich sind wir ja noch ein paar Tage hier und in Palma gibt es vieles zu entdecken. ◄

INFOS ZUR TOUR

CHARAKTERISTIK

Die Strecken auf dieser Route sind sehr unterschiedlich, aber eines haben fast alle gemeinsam: Sie bieten herrliche Panoramen und unglaublich viel Kurven- und Fahrspaß. Während es entlang der Küste über gut ausgebauten, griffigen Asphalt geht, bietet der zweite Streckenabschnitt südlich des Puig des Galatzó einige knifflige, fahrerische Herausforderungen: Engstellen zwischen hohen Mauern, unübersichtliche Kurven und vor allem nach Regenfällen Sand und Steine auf der Fahrbahn. Aber, trotz allem, es lohnt sich!

PÄSSE DER TOUR

Zwar gibt es auf dieser Rundtour keine ausgewiesenen Pässe, das stete Auf und Ab der Route steht aber so mancher Passstraße in nichts nach.

ÜBERNACHTUNG

Hotel Ciutat Jardi

Carrer de l'Illa de Malta 14, 7007 Palma
Familiäres Hotel, 1921 eröffnet, heute komplett renoviert und das älteste Hotel Palmas. 20 Zimmer auf 3 Etagen, ansprechender Garten mit Poolbar und Sonnenterrasse, eigener Parkplatz.
www.hotel-ciutat-jardi.de
GPS 39.552300, 2.690997

Son Borguny

Borguny 1, 07191 Banyalbufar
Sehr schönes Hotel mit nettem Ambiente, individuellen Zimmern mit tollem Berg- oder Meerblick und sehr freundlichem Team, regionale, frische Küche, hier stimmt alles.
www.sonborguny.com
GPS 39.686983, 2.514330

KOMBINATIONSMÖGLICHKEITEN

Diese Tour lässt sich natürlich gut mit der östlich anschließenden, zweiten Tramuntana-Tour kombinieren (Tour 2). Wer nicht genug bekommen kann, schließt noch einen Abstecher nach Port de Valldemossa an oder nimmt die Ma-10 nochmals von der anderen Richtung in Angriff. Das verschafft dann noch einmal völlig neue Eindrücke und Aussichten.

Pässe, Pausen, **Panoramen**

In der Mitte der Serra de Tramuntana mäandern fantastische Bergstraßen über grüne Bergrücken, durch grauen Fels und weite Landschaften – hier ist reichlich Abwechslung geboten. Außerdem führt diese spannende Runde über den Coll de Sóller, einen der wenigen echten Pässe Mallorcas.

Auf der Rampe des Coll de Sóller.

Port de Sóller
Cap Gros
Punta de Sóller
Torre Picada
Sta.Catarina
Mirador ses Barques
Fornalutx
Sóller
Sant Bartomeu
Tren de Sóller
Biniaraix
Torre sa Seca
Puig Major
Cala Tuent
Sa Calobra
Torrent de Pareis
Embassament de Cúber
Coma de Son Torella
Serra d'es Puig d'es Moix
l'Ofre
Comasema
Serra d'Alfàbia
Son Vidal
Orient
Castell d'Alaró
Alaró
Son Fuster de Abais
S'Avenc de Son Pou
Lluc Alcari
Deià
Cala de Deià
Son Marroig
Mansión de Miramar
Mirador de ses Pites
Ermita de la Trinitat
San Juan
Port de Valldemossa
Valldemossa
Cartoixa
Son Moragues
Biniforani Nou
Biniforani Vell
Alfàbia
Jardins d'Alfàbia
S'Alqueria
Bunyola
Raixa
Palmanyola
Esporles
Sa Granja
Ermita de Maristella
Puigpunyent
Establiments
Son Berga
S'Indioteria
Santa Maria del Camí
Convent de los Mínimos
Consell
Bodega José L.Ferrer
Binissalem
Marratxí
Festival Park Outlet Center
Pòrtol
Santa Eugènia
Sa Cabaneta
Es Pla de na Tesa
Es Pont d'Inca
Sa Vileta
Son Vida
Serra de Na Burguesa
Castell de Bellver
Gènova
PALMA de Mallorca
Almudaina
la Seu
Estadi Son Moix
Aeroport de Son Sant Joan
Son Ferriol
Sant Jordi
Cala Major
Fundació Pilar i Joan Miró
Torre de Pelaires
Es Coll d'en Rabassa
Ca'n Pastilla
Palma Aquarium
Les Meravelles
S'Arenal
Aquacity
Cala Blava
Bellavista
Cap Enderrocat
Badía de Palma
Portals Nous
Marineland
Palmanova
Magaluf
Real Golf Bendinat
Castell de Bendinat
Punta Negra
Badia Palma

TOUREN-STECKBRIEF

BASISORT

Palma de Mallorca (39.567173, 2.645473)

STRECKENLÄNGE

ca. 130 km

DAUER DER TOUR

5 Stunden

ROADBOOK

Palma, Esporles, Port de Valldemossa, Valldemossa, Deià, Port de Sòller, Sòller, Coll de Sòller, Bunyola, Orient, Alaró, Santa Maria del Camí, Palma.

HIGHLIGHTS

Die Ma-10 zwischen Esporles und Sòller bietet Fahrspaß und Ausblicke ohne Ende (39.748016, 2.648855 Deià).

Die abwechslungsreiche, kurvige Ma-2100 bei Orient wartet mit zwei Pässen und reichlich toller Landschaft auf (39.734741, 2.760303 Orient).

Der Coll de Sóller führt vom Sòller-Tal nach Süden in Richtung Palma. Auf beiden Seiten des Passes sorgen unzählige Serpentinen für ordentlich Schräglagen (39.731570, 2.686179).

Wellengang im Hafen von Port de Valldemossa.

Über die Ma-1040 hinaus aus Mallorcas trubeliger Hauptstadt Palma zu finden, ist nicht wirklich schwer. In nordwestlicher Richtung ist der kleine Vorort Es Secar de la Real ausgeschildert, und wer die Route nicht findet, orientiert sich an

den Hinweisen auf Esporles. Nach wenigen Kilometern lässt der Stadtverkehr nach und das Grün rechts und links der Straße nimmt zu. Es geht durch die ersten Ausläufer der Serra de Tramuntana. Das über 90 Kilometer lange Gebirge erstreckt sich entlang der Nordküste der Insel. Seine einmalige Landschaft steht seit 2011 als Kulturlandschaft und Welterbe unter dem besonderen Schutz der UNESCO.

Schräglage auf Schräglage

Bei Esporles, das Kiki und ich gerade ansteuern, liegt eine der schmalsten Stellen des Gebirgszuges und so sind es nur wenige Schwenker, dann rollen wir schon über die Grenze des Ortes. Ein paar kleine Läden und Bars huschen an uns vorbei, dann sind wir schon wieder hinaus und über die Ma-1100 schrauben wir uns in die bewaldeten Berge der Tramuntana hinauf. Hier liegen schon die ersten spannenden Kurven und nach wenigen Kilometern treffen wir schließlich auf die legendäre Ma-10. Sie führt ab Andratx an der westlichsten Ecke Mallorcas entlang des gesamten Gebirgszuges und weiß mit ihrer Streckenführung jeden Motorradfahrer zu begeistern. Gerne geben wir uns dem Kurvenvergnügen hin. Schräglage folgt auf Schräglage, mit herrlichen Kehren mäandert die Ma-10 durch die bergige Landschaft gen Nordosten.

Ein, zwei Kilometer vor Valldemossa wird die Landschaft wieder etwas offener. Der Asphalt führt entlang brauner, sommerlich verdorrter Erde. Einzelne Bäume stehen Spalier, geleiten uns in Richtung des interessanten Städtchens. Bevor wir in Valldemossa eintrudeln, steht aber noch

der gleichnamige Hafen auf unserer Liste. Also heißt es bald links abbiegen, Port de Valldemossa steht auf dem Hinweisschild, welches uns auf eine richtig spannende Serpentinenstrecke schickt. In knackige, sehr engen und durchaus anspruchsvollen Kehren geht es hinab in Richtung Küste. Gut kniehohe Steinmäuerchen begrenzen zum Teil die kernigen Kurven, direkt dahinter geht es spektakulär in die Tiefe. Die Aussichten, vor allem direkt in den Kehren, sind einfach fantastisch. Aus großen Höhen fällt der steile Fels der Tramuntana direkt hinunter ins Wasser. Rötlich schimmern in der Sonne ragen die Felsen oft hinaus in das blaue Meer, wo Yachten und Fischerboote weiße Linien durch das Nass pflügen.

Um den fantastischen Blick zu genießen, bleiben Kiki und ich mehrmals am Straßenrand stehen, denn allzu sehr sollte man sich während der herausfordernden Fahrt durch die Kehren nicht ablenken lassen. Touristen im Mietwagen, Lieferwagen oder Kleinbussen, die einem in den Kehren entgegen kommen können, machen das Fahren nicht unbedingt entspannter. Mit einem schnellen Dreh am Gasgriff haben wir auf den kurzen Geraden schnell mal den einen oder anderen PKW überholt, bevor uns ruckzuck die nächste Serpentine einbremst.

Panoramastraße zwischen Valldemossa und Sóller.

Katzen-Siesta: Sonnenpause statt Mäusejagd.

Alles dicht? Test am Wellenbreche von Port de Valldemossa.

Wohl dem, der Port de Valldemossa mit dem Motorrad besucht. Mit dem Auto kann es ziemlich chaotisch werden. Das Angebot an Parkplätzen ist überschaubar, meist reicht es nicht wirklich. Zudem liegt das idyllische Hafendorf am Ende einer Sackgasse.

Wer keinen Platz findet, muss irgendwo wenden und wieder zurück – kein leichtes Unterfangen, wenn der Verkehr nachströmt. Für uns kein Problem. Für die GS finden wir schnell einen Parkplatz zwischen den vielen am Hafenbecken aufgebockten Booten. Wir lassen die Helme am Mopped und schlendern durch die schönen Gässchen. Heute ist es nahezu windstill und nur schwach plätschern ein paar wenige Wellen an den steinigen Strand und ins Hafenbecken. Als wir hier vor wenigen Jahren an einem stürmischen Februartag standen, brachen mächtige Wellen meterhoch über die Hafenbefestigungen, ein tolles Erlebnis. Natürlich lassen wir es uns

Stürmische Zeiten bei Valldemossa.

nicht nehmen, in der gemütlichen Bar es Port direkt am Strand ein leckeres, kühlendes Eis zu genießen.

Eine Liebeserklärung

Wieder hinauf in Richtung Ma-10 dürfen wir die fantastischen Serpentinen ein zweites Mal genießen. Wir zirkeln uns in Richtung Valldemossa und statten dem Städtchen einen Besuch ab. Weit über die Insel hinaus ist Valldemossa bekannt. Nicht nur, weil schon die Könige der Baleareninsel dieses sonnige Refugium zu schätzen wussten und deshalb ihren Palast hier bauten, sondern vor allem, weil der Komponist Frédéric Chopin gemeinsam mit der französischen Autorin George Sand den Winter von 1838 bis 1939 hier verbrachte. Im ehemaligen Kartäuserkloster, in der Kartause, schrieb die Französin ihren berühmten Roman „Ein Winter auf Mallorca". Ihre Liebeserklärung an die umliegende Natur lockt auch heute noch viele Besucher nach Valldemossa. So sind wir in den schmalen Gässchen nicht unbedingt alleine unterwegs, sehenswert ist das Bergdorf aber dennoch.

Deià: das Künstlerdorf Mallorcas.

Badeort mit Flair: Port de Sóller.

Zurück auf der Ma-10 geht es vorerst wieder durch flaches, offenes Land. Sanft schwingt die Straße parallel zur Küste, um schließlich hinter der kleinen Halbinsel am Punta de sa Foradada oberhalb des Örtchens Son Marroig mit einer 180-Grad-Kurve ins Landesinnere abzubiegen. Aus den weiten Schwüngen werden ordentliche Kurven und im Zickzack geht es durch die bergige, grüne Landschaft. Wir passieren Deià und auf den folgenden zehn Kilometern bis Sóller gibt die Straße noch mal alles. Ein paar herrliche Schlenker führen uns bis unmittelbar an die Stadtgrenze, wo wir erst mal der Beschilderung nach Port de Sóller folgen.

Port de Sóller liegt idyllisch am Rand einer gut geschützten, fast kreis-

Benimm-Hinweis am Coll de Sóller.

runden Bucht, eingeschlossen von den umliegenden Bergen. Gleich hinter der schmalen Einfahrt in die Bucht, überragt von zwei hohen Leuchttürmen, liegt Sóllers Yachthafen. Zahlreiche Boote dümpeln hier im türkis schimmernden Wasser. Die umliegenden, viele hundert Meter langen Sandstrände laden zum Sonnenbaden und relaxen. Entlang der Strandpromenade liegen unzählige einladende Cafés und Bars. Klar, dass wir uns hier

Mallorcas spektakulärster Pass: der Coll de Sóller.

36 Kurven und Kehren bietet - der 497 Meter hohe Coll de Sóller.

Olivenhain zwischen den Städten Sóller und Bunyola.

einen leckeren Café con leche bestellen, die spanische Version des Milchkaffees. Einem pechschwarzen Espresso wird aufgeschäumte Milch zugegeben, einfach lecker! Unsere Motorradfahrerbeine strecken wir unter den Tisch und schauen dem bunten Treiben im Hafen zu.

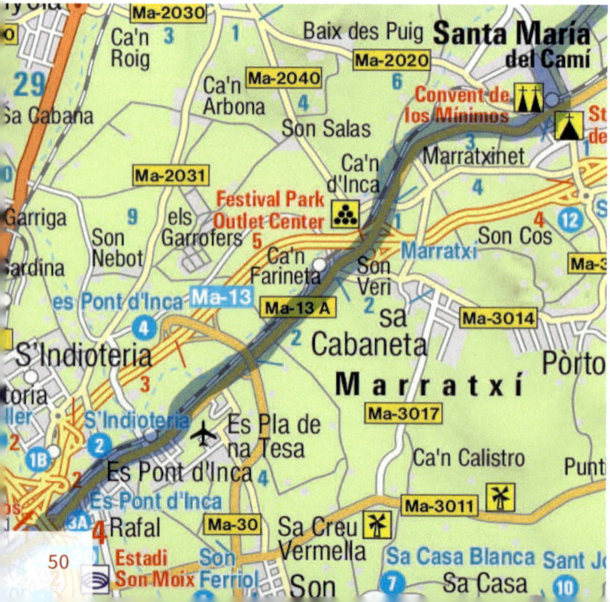

Alt und bildhübsch

Reizvoll ist übrigens auch ein Bummel durch den Hauptort Sóller, der etwa drei Kilometer zurück im Hinterland liegt. Es gibt dort viel zu entdecken. Neben der historischen Altstadt liegt dort der uralte, urige Bahnhof aus dem 17. Jahrhundert. Die Kirche Sant Bartomeu ist über 800 Jahre alt und bildhübsch. Ganz in der Nähe rumpelt die alte Straßenbahn mitten durch das Zentrum und verbindet Hafen und Stadtmitte miteinander. Entspannen lässt es sich übrigens im Botanischen Garten im Schatten von über 400 verschiedenen Pflanzenarten, auch für Nicht-Botaniker interessant.

Kiki und ich heben uns den Stadtrundgang vorerst noch auf. Wir verlassen Sóller in Richtung Süden, folgen den Schildern nach Palma. Wir freuen uns auf den nun folgenden Kurvenspaß, denn natürlich nehmen wir nicht den Weg durch den fast zweieinhalb Kilometer langen Tunnel der Ma-11, sondern steuern einen der wenigen echten Pässe Mallorcas an: den 496 Meter hohen Coll de Sóller.

Dessen Höhe klingt zwar nicht so dramatisch, aber die Serpentinen auf beiden Seiten der Passhöhe haben es in sich und machen jede Menge Spaß. Zudem gibt es von den Kehren teilweise fantastische Aussichten in die umliegende Landschaft. Wer fährt da schon freiwillig Tunnel?

Aus den Oliven werden schmackhafte-Öle hergestellt.

Gleich hinter der letzten Serpentine in Richtung Süden warten die Ortstafeln von Bunyola auf uns. Auch hier lässt es sich prima durch enge Gassen wandeln, uns steht aber eher der Sinn nach Motorradfahren. Wir rollen entlang der Hauptstraße durchs Dorf und bald heißt es links abbiegen, in Richtung Orient. Kaum sind wir aus Bunyola heraus, wird es einsam und mit reichlich Schrägla-

Orient – so fern und doch so nah.

Die Tramuntana ist ein Kurveneldorado.

gen geht es entlang bewaldeter Berghänge in Richtung des 550 Meter hohen Coll d'Honor. Der vierthöchste Pass, der die Ma-2100 entlang der Serra d'Alfàbia führt, geleitet uns in das Dorf Orient. Obwohl es nicht viele Sehenswürdigkeiten aufweist, gilt es doch als eines der schönsten Dörfer Mallorcas. Zudem lässt es sich hier lecker speisen und die Gegend ist ein beliebtes Wanderrevier.

Gleich nordöstlich des Dorfes schließt sich der Coll d'Orient in 498 Metern Höhe an, bevor die Strecke in großem Halbkreis durch die Berge nach Alaró führt. Hier gab es bis 1987 ein Bergwerk, in dem spanische Kumpel bis zu 200 Meter tief Kohle förderten. Im gemütlichen Zentrum lässt es sich gut Kaffee trinken und erfrischen.

Bekannt ist Alaró vor allem durch seine Festung. Das Castell d'Alaró ist jedoch nur zu Fuß nach einem etwa 20-minütigem Aufstieg zu erreichen. Dafür entschädigt es jedoch mit einem unvergleichlichen Ausblick, der bei schönem Wetter fast über die ganze Insel reicht. Für uns ist Alaró heute die letzte Station dieser Tour. Nach einer erholsamen Pause im Schatten der Laubbäume Alarós nehmen wir Kurs auf Palma und beschließen damit diese kurzweilige Rundtour durch die Serra de Tramuntana. ◀

TIPP DES AUTORS

WANDERN AUF DEM GR 221 So mancher Motorrad-Reisende kombiniert seinen Motorradurlaub mit Wanderungen. Auf Mallorca klappt das perfekt. Einer der schönsten Wege ist der Gran Recorrido GR 221, ein faszinierender Fernwanderweg im Tramuntana. Der Weg nennt sich auch Ruta de Piedra en Seco, Route der Trockensteinmauern. Der seit Herbst 2000 geplante und angelegte, etwa 150 Kilometer lange Weg verbindet Port d'Andratx mit Pollença entlang des Gebirgszuges der Serra de Tramuntana.

Anspruchsvoll und auf weiten Strecken durch alpines Gelände führend, verläuft er meist fernab der Dörfer und Siedlungen, aufgeteilt ist er in acht Etappen. Der Verlauf ist extrem abwechslungsreich mit grandiosen Aussichten. Der Weg ist mit wenigen Ausnahmen gut gekennzeichnet und einheitlich markiert.

Die Seite **www.alpenquerung.info** bietet dazu umfassende Infos. S werden alle Etappen auch mit Kartenausschnitten beschrieben.

INFOS ZUR TOUR

CHARAKTERISTIK

Bei dieser schönen Runde durch Mallorcas höchste Gebirgskette wird von allem etwas geboten. Schnelle, gut ausgebaute Streckenabschnitte wechseln sich mit kurvigen, engen Bergstrecken ab. Die Serpentinen hinunter nach Port de Valldemossa sind extrem anspruchsvoll und können bei weniger erfahrenen Motorradfahrern für Verzweiflung sorgen. Lust auf fantastische Panoramen und Pässe? Dann ist diese Runde genau das Richtige!

PÄSSE DER TOUR

Der 496 Meter hohe Coll de Sóller verbindet die Ebene Pla de Mallorca mit dem Tal von Sóller über dutzende Kurven und Serpentinen. Der Coll d'Honor ist mit 550 Metern Höhe der vierthöchste Pass Mallorcas und führt entlang der Serra d'Alfàbia. Nordöstlich davon schließt sich der Coll d'Orient in 498 Metern Höhe an.

ÜBERNACHTUNG

Hotel Sa Pedrissa

Carretera de Valldemossa Km. 64.5, (Ma-10, zw. Son Marroig und Deià) 07179 Deià

Sehr schönes Hotel in renovierter Finca mit individuellen Zimmern im mallorquinischen Stil, Restaurant, Pool und Terrasse mit fantastischem Meerblick.

www.sapedrissa.com

GPS 39.755698, 2.635983

Hostel Sóller

Carrer de Santa Teresa 27, 07100 Sóller

Neues Hostel (2017) mit toller Atmosphäre und klasse Team, auch DZ mit Bad, Bar, prima Frühstück, kostenloses Parken

www.hostelsoller.com

GPS 39.766485, 2.718923

KOMBINATIONSMÖGLICHKEITEN

Diese Runde lässt sich bestens mit der westlich anschließenden, ersten Tramuntana-Tour kombinieren (Tour 1). Wem die beschriebenen Kilometer dann immer noch nicht reichen, hängt eine östlich anschließende Runde durch die Tramuntana über Caimari an.

Die Insel-Hauptstadt

Palma gilt mit ihrem mediterranen Flair und der historischen Altstadt als die Perle des Mittelmeeres. Nicht ganz umsonst wurde die Insel-Hauptstadt als „Beste Stadt zum Leben“ ausgezeichnet.

PALMA, deren Namenszusatz „de Mallorca“ bereits im Jahr 2008 offiziell gestrichen wurde, ist nicht nur die Hauptstadt Mallorcas, sondern auch der Sitz der Regierung der Autonomen Gemeinschaft Balearen, deren größte Insel Mallorca ist. Palma ist auch DAS Zentrum der Insel – mit dem größten Hafen und dem Flughafen. Mehr als die Hälfte der Einwohner Mallorcas leben in der Bucht von Palma.

DAS ZENTRUM von Palma bildet die Altstadt, die mit ihrer attraktiven Mischung aus schattigen Alleen und verwinkelten, kopfsteingepflasterten Gassen, Kirchen und Palästen, unzähligen Bars und Restaurants sowie einer großen Zahl interessanter Läden überzeugt. Besonders faszinierend bei einem Stadtrundgang durch das Zentrum sind die Patis: die interessanten Innenhöfe der luxuriösen und stattlichen Häuser. Viele von ihnen sind der Öffentlichkeit zugänglich, die Touristinformation gibt einen Führer speziell dafür heraus.

Die Kathedrale La Seu.

Das beeindruckendste Gebäude Palmas ist ohne Zweifel die mächtige gotische **KATHEDRALE LA SEU**, an der gut 300 Jahre gebaut wurde. Es fällt schwer, sich der faszinierenden Wirkung der Kathedrale zu entziehen. Auch überzeugte Atheisten sind vom riesigen Inneren beeindruckt – man muss es einfach erlebt haben.

Gleich nebenan, direkt vor der Kathedrale, steht der **PALAU DE L‘ALMUDAINA**. Die ehemalige maurische Burg wurde gegen Ende des 13. Jahrhunderts von den mallorquinischen Monarchen zur Residenz umgebaut. Wird der Palast nicht gerade durch irgendwelche offiziellen Feiern in Anspruch genommen, was durchaus öfter passiert, lässt er sich besichtigen. Der Besuch lohnt sich. Auch für Museumsmuffel sollten wenigstens zwei der vielen Museen der Inselhauptstadt interessant sein. Zum einen das spektakuläre Museum **ES BALUARD** an der Porta de Santa Catalina in einer Bastion direkt am Meer. Hier sind die Werke katalanischer und anderer spanischer Künstler ausgestellt, die sich wenn auch nur zeitweise auf Mallorca aufhielten. Ganz nebenbei lässt sich von der museumseigenen Festungsmauer mit einem angeschlossenen Café ein toller Ausblick genießen. Ebenfalls besuchenswert ist das **MUSEU DE MALLORCA** in der Carrer de la Portella, welches eine große Sammlung zur Geschichte Mallorcas beherbergt.

Ein Bummel durch Palma sollte auch durch das **CASTELL DE BELLVER** führen. Die kreisrunde Burg aus dem 14. Jahrhundert thront im Südwesten der Stadt über einem schönen Park und wurde auf den Ruinen einer muslimischen Anlage errichtet. Hier lebten früher die muslimischen Gouverneure, heute residiert hier der spanische König, wenn er denn auf Mallorca weilt.

Herrlich relaxen und speisen lässt sich im Gewirr der Gassen zwischen der Placa de la Reina und Palmas Hafen. Jede Menge Bars und Restaurants locken mit kulinarischen Genüssen. Nicht weniger lecker geht es im Viertel **ES MOLINAR** direkt am Hafen zu. Hier locken naturgemäß vor allem einladende Fischlokale. An Werktagen um die Mittagszeit empfiehlt sich der **MARKT MERCAT DE L'OLIVAR**. Hier gibt es köstliche Tapas in allen nur denkbaren Variationen, aber besonders mit fangfrischem Fisch – eine Delikatesse.

Palma ist eine Stadt mit viel Atmosphäre.

Ausführliche Informationen zu allen Angeboten und Sehenswürdigkeiten gibt es in der **TOURISTINFO** in der Placa de la Reina (39.569061, 2.646892) und natürlich im Internet unter **www.palmademallorca.es** und **www.visitpalma.cat**.

Kehren und **Krawattenknoten**

Der Puig Major ist mit 1445 Metern Höhe der höchste Berg Mallorcas. Zu seinen Füßen liegen die herrlichsten Bergstrecken der Insel, Mallorcas spannendste Serpentinen führen hinunter an die Küste und der legendäre Krawattenknoten begeistert mit seiner urigen 270 Grad-Kurve.

Viele Traumstreckenbefinden sich rund um den Puig Major.

TOUREN-STECKBRIEF

BASISORT

Pollença (39.567173, 2.645473)

STRECKENLÄNGE

ca. 190 km

DAUER DER TOUR

6 Stunden

ROADBOOK

Pollença, Santuari de Santa Maria de Lluc, Caimari, Lloseta, Alaró, Santa Maria del Cami, Bunyola, Coll de Sòller, Sòller, Sa Calobra, Cala Tuent, Santuari de Santa Maria de Lluc, Caimari, Biniboha, Campanet, Pollença.

HIGHLIGHTS

Die Ma-2141 hinunter nach Sa Calobra ist die spannendste Strecke auf Mallorca – das Highlight der Insel (39.816130, 2.824117 Abzweigung von der Ma-10).

Die kurvenreiche Ma-10 wartet zwischen Sóller und dem Santuari de Santa Maria de Lluc mit 33 grandiosen Kilometern und traumhaften Panoramen auf (39.791676, 2.791749 (Mirador de Gorg Blau, etwa mittig).

Der legendäre Krawattenknoten oberhalb von Sa Calobra.

Punta Topina
Punta Galera
Punta de Covas Blancas
Cala Sant Vicenç
Port de Pollença
Castell dels Reis
Cuevas prehistóricas de Sant Vicenç
Punta Beca
Cova de sas Cabras
Pollença
Pont Romà
Puig de Calvari
Convento de Santo Domingo
Ermita de la Mare de Deu del Puig
Sa Calobra
Cala de sa Calobra
Torrent de Pareis
Torre de Lluc
Escorca
Santuari de Lluc
Puig Major
Puig de Massanella
Embassament del Gorg Blau
Comafreda
Vall d'en Marc
Mortitxet
Son Grua
Montanya
Binifaldo
Manut
Son Alzines
Biniatro
Pas d'en Bisquerra
Serra d'es Rafal
Oratorio Sant Miquel
Lllibelli Gran
Coves de Campanet
Campanet
Sa Capitana
Fangar
Son Cladera
Sa Pobla
Búger
Muro
Museu de Mallorca
Torre Picada
Sta.Catarina
Mirador ses Barques
Fornalutx
Sóller
Tren de Sóller
Sant Bartomeu
Son Muleta
Biniaraix
Coma de Son Torrella
Embassament de Cúber
Serra d'es Puig d'es Moix
Tossals Verts
Bini Morat
L'Ofre
Comasema
Serra d'Alfàbia
Tramuntana
Castell d'Alaró
Orient
Son Perot
Son Vidal
Alaró
Alfàbia
Jardins d'Alfàbia
Bunyola
Caimari
Selva
Oratori de Crist Rei
Aumedra
Biniarroi
Mancor de la Vall
Biniamar
Lloseta
Ermita es Coco
INCA
Sta.Maria del Mayor
Convento de Dominicos
Convento de San Francesc
Monestir de Sant Bartomeu
Aqualandia
Foro de Mallorca
Binissalem
Bodega José L.Ferrer
Consell
Santa María del Camí
Convent de los Mínimos
Marratxinet
Santa Eugènia
Sencelles
Costitx
Sineu
Mare de Deu del Angels
Convent dels Mínims
S'Estació
Es Pla
Llubí
Maria de la Salut
Lloret de Vistalegre
Sant Joan
Montuïri
Ermita de la Consolació
els Calderers
Festival Park Outlet Center
Marratxí
Sa Cabaneta
Pòrtol
S'Indioteria
Es Pla de na Tesa
Es Pont d'Inca
Son Ferriol
Aeroport de Son Sant Joan
Sant Jordi
Algaida
Castellitx
Puig de Randa
Santuari de Nostra Senyora de Cura
Ermita de Sant Honorat
Santuari de Nostra Senyora de Gràcia
Randa
Porreres
Santuari de Monti-sion
Llucmajor
Talaiot
Son Noguera
Palma
Ca'n Pastilla
Palma Aquarium
S'Arenal
Aquacity
Cala Blava
Cap Enderrocat
Fuerte
Punta Negra
Ma-19
Ma-15
Ma-13
Ma-10
Ma-11

Wer im schönen Pollença ganz im Nordosten der Insel Station macht, sollte schon relativ fit sein. Zumindest, wenn man einen der schönsten Aussichtspunkte der Region besuchen möchte. Schließlich sind es nicht weniger als 365 Stufen, die hinauf auf Pollenças Kalvarienberg, den el Calvari, führen. Ist die Carrer del Calvari schließlich geschafft, bietet sich von der Kapelle Eglésia del Calvari ein fantastischer Blick über die Bucht und die Serra de Tramuntana. Gestern Abend waren wir ganz schön außer Atem, als wir oben ankamen. Aber es hat sich gelohnt und so brauchten Kiki und ich kein schlechtes Gewissen wegen der Kalorien haben, die wir dafür am späten Abend in den einladenden Restaurants und Bars des netten Städtchens zu uns nahmen. Heute morgen brachen wir dann nach einem leckeren Frühstück auf eine abwechslungsreiche Runde in Form einer Acht durch den nordöstlichen Teil des Tramuntana-Gebirges auf und nun sind wir gerade auf den ersten Kilometern entlang der Ma-10 gen Westen unterwegs.

Haarnadelkurven

Kaum haben wir die letzten Häuser hinter uns gelassen, erfreut uns diese herrliche Strecke auch schon mit den

Spektakulärer Aussichtspunkt östlich vom Puig Mayour an der Ma-10.

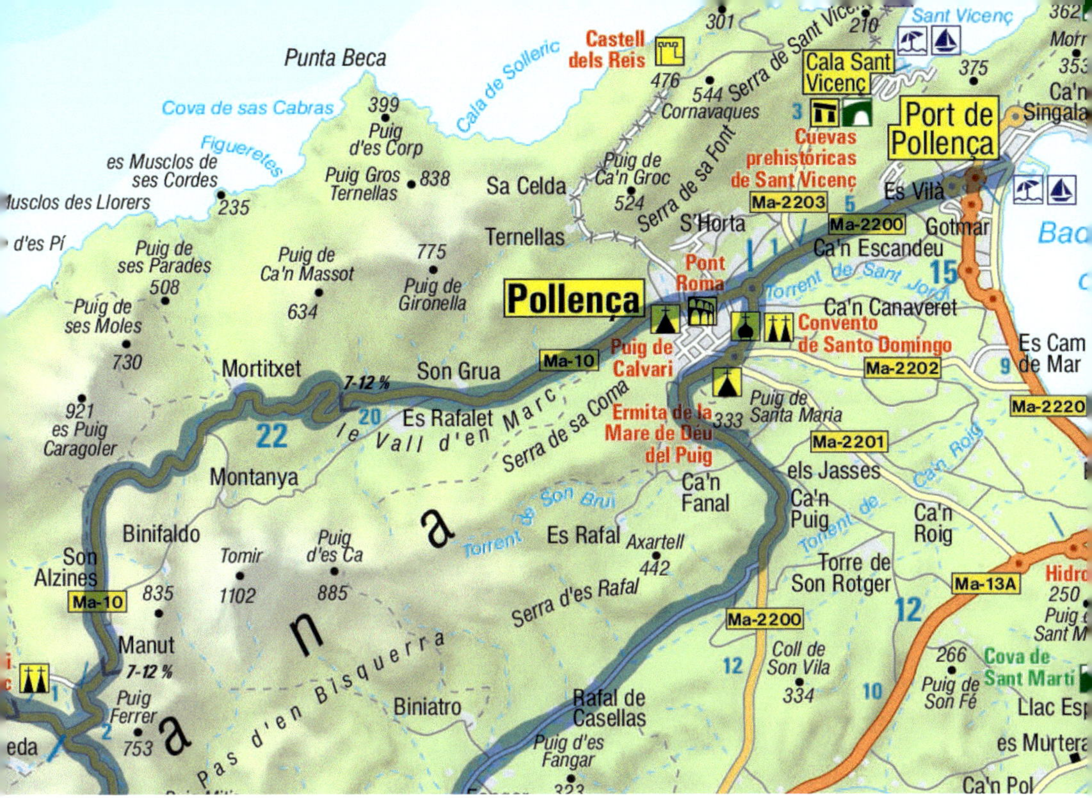

ersten Haarnadelkurven. Mit zwei Serpentinen eröffnet sich der Einstieg aus dem Tal in die Berge des Tramuntana. Zwischen grauen Felswänden, immergrüner Macchia und offenen Wiesen schwingt sich der Asphalt immer höher hinauf in die Berge. Weit fällt unser Blick in die umliegende hügelige, recht einsame Landschaft.

Hier ist der Bergrücken noch ursprünglich, nichts ist verbaut, nur ganz selten sehen wir mal ein Bauernhaus oder einen Schuppen, meist eher in Form einer Ruine. Seit die Serra de Tramuntana als Kulturlandschaft unter den besonderen Schutz der UNESCO gestellt wurde, ist sie zum Glück vor Erschließungen und Bausünden geschützt.

Hinter Son Alzines, wo eine nette Finca auf Gäste wartet, ist es vorerst vorbei mit der Kurvenpracht. Was nicht verkehrt ist, dafür darf ich mal

Passkontrolle: Schild an der Ma-10.

einen Gang höher schalten und mit angenehm kühlendem Fahrtwind geht es flott über den langen schnurgeraden Streckenabschnitt. Aber nicht für lange – kurz vor dem Coll de sa Batalla, der die Abzweigung von der grandiosen Ma-10 hinunter nach Inca in der Region Raiguer markiert, signalisieren die Schilder die Einfahrt zum Santuari de Santa Maria de Lluc. Dieser bedeutende Wallfahrtsort zieht Pilger aus der ganzen Welt an, aber auch viele Wanderer und Tagestouristen.

Sie kommen nicht nur, um die berühmte Madonna in der Klosterkirche zu bestaunen, sondern auch zu einem Besuch im kurzweiligen Museum, welches über Mallorcas Geschichte, Trachten, Waffen und mehr informiert. Wer möchte kann auch täglich um elf Uhr dem international bekannten Jungenchor des Internats lauschen, zudem lädt das Restaurant des Klosters zu erholsamen und sättigenden Pausen. Interessant ist außerdem das Übernachtungsangebot: 81 Zimmer und 39 Apartments warten auf Reisende, die hier Quartier beziehen möchten.

Am Coll de sa Batalla

Kiki und mir ist es für eine Einkehr noch zu früh. Nach einem kurzen Spaziergang durch die beeindruckende Anlage steuern wir den Coll de sa Batalla an. Der führt die Ma-2130 in 579 Metern Höhe zur Ma-10 und ist der dritthöchste Pass Mallorcas. Auf

AUTOREN-TIPP

ANTONIO PARETTI Der 1899 in Palma geborene Architekt hinterließ ein bedeutendes Lebenswerk. Neben verschiedenen Projekten wie Kanälen und Hafenanlagen auf dem Festland, machte er sich vor allem als Straßenbauingenieur einen Namen. Sein berühmtestes Werk ist die beschriebene Strecke hinunter nach Sa Calobra. Knapp 13 Kilometer lang, versehen mit 12 Haarnadelkurven, erstreckt sie sich über nur vier Kilometer Luftlinie. Während der Bauarbeiten im Jahr 1932 wurden 31 000 Kubikmeter Fels bewegt – und das ohne Baumaschinen. Auch die grandiose, in Tour vier beschriebene Strecke von Port de Pollença zum Cap de Formentor im äußersten Nordosten der Insel, wurde im Jahr 1930 von Paretti geplant und gebaut. Auf dieser Strecke erinnert am Aussichtspunkt Mirador es Colomer (**GPS** 39.928875, 3.110695), ein Denkmal an die Verdienste des 1979 verstorbenen Architekten. Die vor dem Zweiten Weltkrieg geplante Seilbahn auf Mallorcas höchsten Berg, den 1445 Puig Major, konnte vom ihm aufgrund des Krieges nicht mehr realisiert werden.

der Passhöhe lässt es sich in dem kleinen Restaurant unter einem schattenspendenden Blätterdach herrlich relaxen und an der Tankstelle gleich nebenan gibt es die oktanreiche Stärkung für das Motorrad. Die anschließende Strecke hinunter nach Caimari macht mächtig Spaß. Jede Menge Serpentinen und Kehren sorgen für Abwechslung und Fahrspaß. Mit sportlichem Schwung geht es aus den Höhen der Tramuntana hinunter in die südlich angrenzende Ebene. Hier, direkt am Fuß des Gebirges, liegt das Ört-

Und immer wieder fantastische Panoramen.

chen Caimari umgeben von tausenden Olivenbäumen. Eine der ältesten Olivenmühlen der Insel, die „Oli Caimari" ist hier noch in Betrieb. Wenn in der Zeit von November bis Ende Februar die Zeit der Olivenernte ist, kann man die Mühle besichtigen und den Mitarbeitern über die Schulter schauen. In dem Laden der Mühle werden das ganze Jahr über schmackhafte Öle und andere Produkte rund um mallorquinische Oliven verkauft.

Um etwas weiter westlich wieder einen gelungenen Einstieg in die Serra d'Alfàbia, den nordwestlichen Teil der Serra de Tramuntana, zu finden, folgen wir über kleine Nebenstraßen dem Verlauf des Gebirges gleich zu seinen Füßen. Die Strecke führt durch kleine Dörfer und flaches Land. Viel ist hier nicht los, denn der Hauptverkehr fährt über die wenige Kilometer südlich parallel verlaufende Insel-Autobahn und die Hauptstraße.

Im Goldenen Tal

Wir passieren Lloseta und Alaró und mit einem kleinen Schwenker oberhalb von Santa Maria del Cami nehmen wir Kurs auf Bunyola. Der von Weingärten, Olivenbäumen und

Orangen- und Zitronenhainen umgebene Ort führt uns gleich hinter seiner nördlichen Stadtgrenze zur Abzweigung auf den Coll de Sóller. Den 497 Meter hohen, über Dutzende Serpentinen erreichbaren Pass haben wir schon auf der Tour 2 zu schätzen gelernt. Jetzt genießen wir ihn gerne auf ein Neues und lassen uns vom kurvenreichen Asphalt in Richtung Küste leiten.

Sóller ist das Herz des sogenannten „goldenen Tals", der fruchtbaren Region, in der schon in der Antike Oliven angebaut wurden und deren Bauern seit dem 18. Jahrhundert Zitrusfrüchte kultivieren. Das reiche Angebot an frischem Obst und Grün findet sich auch in Sóllers Markthalle am Placa Mercat wieder, in der es täglich nicht nur Obst, Gemüse und bunte Blumen, sondern auch fangfrischen Fisch aus dem nur wenige Kilometer entfernten Meer gibt. Wir rollen langsam durch das quirlige Zentrum, schauen rechts und links und nehmen uns vor, mal einen halben Tag durch die verlockenden Gassen und Läden zu bummeln. Vorerst halten wir uns aber in Richtung der Ma-10, die wir am nördlichen Stadtrand schnell wieder erreichen.

Purer Spaß – anders kann man es nicht nennen. Kaum haben wir Sóllers Stadtgrenze hinter uns gelassen, geht es los. Eine Kurve folgt auf die nächste, recht, links, rauf, runter, dazwischen immer wieder tolle Aussichten, fantastische Panoramen. Hier dreht die Bergwelt der Tramuntana so richtig auf.

Am Mirador

Das Fahren macht mächtig Laune, so muss eine Moppedtour aussehen. Dass die Aussichten noch steigerungs-

Trinkwasser für Palma: der Cúber-Stausee bei Escorca.

fähig sind, stellen wir am Mirador de Ses Barques fest. Mirador bedeutet Aussichtspunkt und verspricht meist einen herrlichen Blick über die Umgebung. So auch hier, die Berge der Tramuntana, die Küste, die Bucht von Port de Sóller, einfach toll, der Blick von hier oben. Und so geht es weiter. Dieser spannende Abschnitt des Gebirgszugs nennt sich Serra de Son Torrella und ist schon für sich eine Reise wert.

Ab in den Tunnel

Kurz vor dem Tunnel von Monnàber folgt der nächste Mirador. Auch hier fällt der Blick weit hinaus aufs Meer und über das Grau und Grün der mächtigen Felsformationen um uns herum. Dann geht es ab ins Dunkel des mehrere hundert Meter langen Tunnels. Der ist heute zum Glück beleuchtet. Erst seit Anfang 2015 brennt hier Licht, vorher war es für die vielen Rennradler auf Mallorca nicht immer ungefährlich.

An die Sonne gewöhnte Kraftfahrer sehen im Dunklen erst mal schlecht und wenn dort ein unbeleuchteter Radfahrer strampelte, kam es nicht selten zu haarsträubenden Situationen und Unfällen. Wer mit

zu viel Schwung aus der anderen Seite des Tunnels heraus schießt, landet direkt im Embalse de Cúber.

Der Stausee und sein direkt daneben liegender Nachbar, der Embalse Gorg Blau, sind die beiden einzigen größeren Gewässer Mallorcas. Ihre Aufgabe ist die Wasserversorgung Palmas. Dass das nicht immer funktioniert, merken die Bewohner der Insel-Hauptstadt allerdings immer öfter. Bleibt der Regen aus, ist die Wasserknappheit vorprogrammiert. Die zunehmenden Touristenzahlen auf Mallorca machen das Thema nicht einfacher.

Hinunter an die Küste

Wenige Minuten später folgt ein zweiter Tunnel und kaum haben wir auch diesen verlassen, heißt es Blinker setzen. Es geht hinunter an die Küste nach Sa Calobra und damit auf den

Einfach genial ist die 14 Kilometer lange Serpentinenstrecke westlich von Puig Mayor.

Felsdurchlass an der Ma-2141.

Zwischen dem Puig Mayor und Sa Calobra.

wohl spektakulärsten Straßenabschnitt, den Mallorca zu bieten hat. Ihn zu beschreiben, gleicht einer Aneinanderreihung von Superlativen: Wie eine ausgerollte Luftschlange windet sich das Asphaltband durch die steilen Felshänge. Mittendrin liegt der legendäre Krawattenknoten, bei dem die Ma-2141 nach einer kernigen 270 Grad-Kurve unter sich selber herführt. Die Abfahrt macht Laune, Kurve folgt auf Kurve, Kehre auf Kehre. Zwölf Kilometer Strecke sind es ungefähr, aber fast 700 Meter Höhenunterschied, die uns wohl für ewig im Gedächtnis bleiben werden. Unten angekommen, sind es nur ein paar Häuser und gut 100 Einwohner, die den Ort bilden. Auch der 50 Meter lange Strand ist überschaubar, aber die Strecke ist Grund genug für einen Besuch.

Eis und Espresso

Auf dem Weg zurück halten wir uns nach wenigen Minuten scharf rechts. Der Badestrand Cala Tuent und das

Restaurant es Vergeret sind hier ausgeschildert. Weitere vier Kilometer Kurven verspricht das Verkehrsschild und tatsächlich folgt bis zu unserem Ziel, dem es Vergeret, wieder eine Biegung nach der nächsten. Der Besuch in der zu einem schönen Restaurant umgebauten Finca ist einfach ein Muss. Von der herrlichen Terrasse lässt sich bei Eis und Espresso ein ganz fantastischer Blick über die Küste, die Felsen und das türkis schimmernde Meer genießen. Wer mehr Hunger hat, ordert köstlichen Fisch, eine leckere Paella oder jede Menge anderer schmackhafter mallorquinischer Gerichte.

In der Bucht von Sa Calobra.

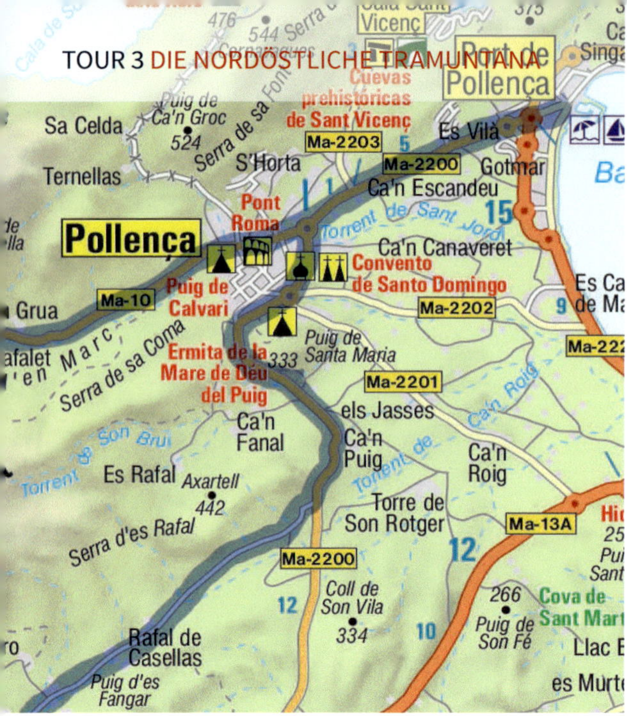

Irgendwann ist jede Pause aber auch wieder zu Ende, schade eigentlich bei der Aussicht. Aber die Vorfreude auf den Rückweg überwiegt. Völlig neue Eindrücke bietet die Strecke aus der anderen Richtung, und wieder geht es durch den Krawattenknoten, der, wie die komplette Strecke, bereits 1932 von dem italienischen Ingenieur Antonio Paretti gebaut wurde. Auch die folgenden rund 20 Kilometer, die uns nochmals über den Coll de sa Batalla führen, sind prima Motorradstraße. Ein großes Herz für Motorradfahrer müssen die Straßenbauer gehabt haben, als sie die Trasse einst festlegten – besser geht es wohl kaum.

Bei Caimari halten wir uns links, biegen Richtung Binibona auf kleine Nebenstrecken ab und können uns auf der erholsamen und fast autofreien Route von den unzähligen Schräglagen erholen. Mit einem letzten Schwenker auf die Ma-2200 nehmen wir die restlichen wenigen Kilometer zurück nach Pollença unter die Räder und beenden damit eine Runde, für die alleine schon eine ganze Reise nach Mallorca wert wäre. ◄

Pause bei Cala Tuent.

INFOS ZUR TOUR

CHARAKTERISTIK

Eine der schönsten und kurvenreichsten Routen auf der Insel. Wer die Strecke hinunter nach Sa Calobra inklusive des Krawattenknotens gefahren ist, weiß seinen Enkeln etwas zu erzählen. Die Streckenführung ist einfach grandios. Daneben geht es auch über schmale, unscheinbare Nebenstrecken, die sich herrlich entspannt durchrollen lassen. Unterm Strich eine Tour der Superlative.

PÄSSE DER TOUR

In 496 Metern Höhe führt der Coll de Sóller vom gleichnamigen Ort in die Ebene Pla de Mallorca. In der Mitte der Route führt der 576 Meter hohe Coll de sa Batalla quer über die Tramuntana. Der eher unauffällige Coll de Femenia liegt in 515 Metern Höhe etwas nördlich des Coll de sa Batalla.

ÜBERNACHTUNG

Santuari de Santa Maria de Lluc
Gemeinde Escorca, Ma-10, beim Coll de sa Batalla
Die faszinierende Klosteranlage wartet mit 81 Zimmern und 39 Apartments in verschiedenen Preisklassen auf. Ein Erlebnis.
www.lluc.net
GPS 39.822568, 2.886942

Apartments Son Alzines
Diseminado Son Auxines 31, 07315 Escorca
Tolle Apartments in traumhafter, ruhiger und abgeschiedener Lage inmitten der Tramuntana-Berge, sehr schöne Anlage mit Pool.
www.sonalzines.com
GPS 39.843699, 2.895443

KOMBINATIONSMÖGLICHKEITEN

Diese Runde lässt sich prima mit den beiden anderen Tramuntana-Runden (Tour 1 und Tour 2) oder der Tour 4 entlang der Ostküste kombinieren. Für zusätzliche Kilometer könnte auch ein Abstecher ans Cap de Formentor sorgen.

Cap und **Küste**

Allein die grandiose Strecke hinaus aufs Cap de Formentor ist diesen Ausflug wert. Hoch über dem tiefblauen Mittelmeer führt die Panoramastrecke auf den nördlichsten Zipfel der Baleareninsel und beschert unvergessliche Ausblicke. Aber auch die Ausflüge an die Buchten von Pollença und Alcúdia hinterlassen Eindrücke.

Spaßige Bergstrecke unterhalb des Cap de Ferrutx.

TOUREN-STECKBRIEF

BASISORT
Port de Pollença (39.906359, 3.082875)

STRECKENLÄNGE
ca. 230 km

DAUER DER TOUR
6 Stunden

ROADBOOK
Port de Pollença, Mirador des Colomer, Cap de Formentor, Port de Pollença, Alcúdia, Cap des Pinar, Alcúdia, Port d'Alcúdia, Can Picafort, Artà, Ermita de Betlém, Artà, Cala Mitjana, Artà, Capdepera, Cala Ratjada, Artà, Alcúdia, Port de Pollença.

HIGHLIGHTS
Keine Frage – das Highlight nicht nur dieser Tour ist die grandiose, 20 Kilometer lange Serpentinenstrecke zum Cap de Formentor (39.949704, 3.176445 Aussichtspunkt oberhalb der Bucht Cala Figuera).

Richtig spaßig ist die kurvenreiche Ma-3333 zwischen Artà und der Ermita de Betlém. Sie wartet mit kernigen Kurven und tollen Ausblicken auf die umliegende Landschaft auf (39.736665, 3.311765 Parkplatz Ermita de Betlém).

Natur pur an der Bucht Cala Mitjana.

Península de Formentor
Cap de Catalunya
Punta de sa Font Salada
Punta Tomàs
Cap de Formentor
Illa Colomer
Cases Velles
Fumat
Morro d'es Pont
Cala en Gossalba
Cala Murta
Mirador es Colomer
Formentor
Hotel Formentor
Cala en Feliu
Talaia d'Albercutx
Punta Casereta
Illa Formentor
Ca'n Singala
Ca'n es Faro
Port de Pollença
Sa Fortaleza
Punta de l'Avançda
Badia de Pollença
Punta Sabaté
Punta Negra
sas Caletas
Cap d'es Pinar
Punta Corrent
sas Pasteras
Cap Gros
Ermita de la Victoria
Cala Solana
Cala d'es Clot
Punta de Manresa
Es Camp de Mar
Roger Vermell
Bonaire
Talaia d'Alcúdia
Cap de Menorca
Es Mal Pas
Muralles
Alcúdia
Teatre Roma
Pollentia
Península de la Victoria
Sa Bassa Blanca
Fundación Yannick y Ben Jakober
Club de Golf Alcanada
Alcanada
Illa d'Alcanada
Punta de sa Vinya
Port d'Alcúdia
Hidropark
Puig de Sant Martí
Torre Mayor
Cova de Sant Martí
Llac Esperança
es Murtera
las Gaviotas
Ca'n Pol
Badia d'Alcúdia
S'Oberta
Platjes de Mallorca
Sa Roca
Parc Natural S'Albufera
Son Monjo
Ca's Capellans
Ca'n Picafort
Son Baulo
Punta d'es Fenicis
Illa d'en Porros
Punta d'es Patro
Punta Llarga
Necròpoli Son Real
Cala Serralot
Son Real
Son Sant Joan
Son Sant Martí
Son Aloy
Vernisa
Corral d'en Serra
Colònia de Son Serra
Sa Boleda
Sa Teulada
Santa Margalida
Son Serra de Marina
Son Mari
Talaiot
Son Llompardet
Sa Verdera
Sa Cabaneta
Son Doblons
Cap de Ferrutx
Punta Ferrutx
Talaia Moreia
Cala Fosca
Punta d'es Caló
Talaia Moreia
es Caló
Punta d'es Barraca
Cala Mata
Puig de sa Tudosa
Cala d'en Sureda
Betlem
Ca'n Esporso
Son Mascaró
Ermita de Betlem
Colònia de Sant Pere
Ca'n Monserlu
Ca'n Son Morei
Illa Ravena
Sa Canova
Bec de Ferrutx
Sa Campana
Son Sanchos
Ses Pastores
Son Morell
Son Fortunay
Artà
Santuari de Sant Salvador
Torre dels Matzocs
Aubarca
Sa Vinysa
Cala Mesquida
Son Mesquida Nou
Sa Duaya
Son Jaumell
Son Terrasa
Capdepera
Castell de Capdepera
Cala Rajada
Cala Guya
Cala Molto
Cap des Freu
Sa Cabanell Nou
Ses Fulles
Talaiot de ses Païsses
Son Fabre
Son Moll
Son Besso
Font de Sa Cala
Ca'n Lloret Redó
Torre de Canyamel
Canyamel
Coves d'Artà
Cap Vermell
Costa de Canyamel
Cap d'es Pinar
Sa Jordana
S'Auma Vell
S'Auma
Es Rafalet
Son Jordi
Talaiot de Pula
Costa dels Pins
Maria de la Salut
Virgen de la Salut
Montblanc
Son Guillot
Ca'n Veto
Es Bosc Vell
Sa Cabanell Vell
Son Figuera
Son Huguet
Mirador de sa Creu
Ariany
Ca'n Ribotet
Sa Vall
Ca'n Busquets
Calicant
Son Mezquida
Son Llunes
ses Voltes
Ca'n Sopa
Puig d'es Corp
Son Servera
Port Nou
Port Vell
Cala Bona
Badia d'Artà
Cala Millor
Sa Torre
Petra
Sant Pere
Sant Bernat
Son Maimo
Son Canals
Rafalet Drach
Son Sureda Pobre
Sa Sini Vell
Bellver Rico
Ca's Cuc
Sant Llorenç des Cardassar
Ca'n Mascaró
S'Hort d'en Oleza
Ca'n Pocofarina
Puig de sa Font
Son Dalmau
S'Hort d'en Mangus
Ca'n Isidro
Es Rafal Sech
Sa Torre Nova
Son Morro
Safari Zoo
Castell de N'Amer
Punta de N'Amer
Ermita de Nostra Senyora de Bonany
els Calderers
Es Pou Nou
Ca'n Roig
Son Besso
Museo El Palau
Convent Sant Vicenç Ferrer
Ca'n Puyadas
Son Carrió
Sa Coma
Cala Moreia
S'Illot
Sa Punta
Son Gil
Vilafranca de Bonany
Sa Teulera
Ca'n Casoli
Torre de ses Puntes
Dolores de Nostra Senyora
Son Campanario
Galiana
Santa Sirga
Mancadas
Ca'n Bordils
Cala Morlanda
Punta de sa Roca
MANACOR
Son Moix
Sant Martí
Vilafranca
Es Pagos
Santa Ponça
Sa Carrotja
Ca'n Fuster
Coves dels Hams
Portocristo
Cala Manacor
Es Rafelet
Ca'n Singaa
Sa Cabana Vella
Es Rafal Prudent
Son Amoixa
Coves del Drac
Cala Anguila
Cala Mendia
Portocristo Novo
Son Vaquer
Iglesia de Cristo Rei
Son Valls Nou
Son Dragó
Son Amer
Son Macià
Son Llodra
Sant Jusep
Cala Romàntica
Son Forteza Vell
Punta Reina
Cala Estany
Cala Falcó
Cala Varques
Punta d'es Llevants
S'Espinager Vell
Son Gornals
MALLOR

Naturhafen am Cap de Formentor.

Port de Pollença, einst geruhsamer Fischerort, ist natürlich heute keine echte Oase der Ruhe mehr. Dennoch hebt sich das geschützt in einer weiten Bucht liegende Hafenstädtchen wohltuend von so manchem Küstenort Mallorcas ab.

Große, unförmige Hotelanlagen gibt es quasi nicht und die für den Verkehr gesperrte Promenade lädt zum Bummeln und Relaxen. Genau das haben Angelika und ich gestern Abend getan. In den gemütlichen Bars und Cafés der Promenade haben wir es uns

gut gehen lassen und die Spezialitäten und Weine der Insel probiert, denn es gibt so manch leckeren mallorquinischen Tropfen.

Knackige Kehren

Und so ist es dann heute morgen ein wenig später als sonst, als wir das einladende Port de Pollença mit unserer BMW in nordöstlicher Richtung verlassen. Und kaum haben wir den letzten Kreisverkehr auf der Carrer de Formentor am Ortsrand hinter uns gelassen, geht es urplötzlich nur noch durch's Grün. Dichte Macchia am Straßenrand und dahinter mächtige, graue Felsen geleiten uns auf der Ma-2210 durch die interessante Landschaft. Trotz der unmittelbaren Nähe Port de Pollenças in unserem Rücken fahren kaum Autos in unsere Richtung.

EXTRA-TIPP

FARO DE FORMENTOR Der gut 150 Jahre alte Leuchtturm auf dem nördlichsten Punkt der Insel fasziniert schon von weitem. Am Ende der grandiosen Küstenstraße auf das gleichnamige Cap de Formentor gelegen, ragt er hoch auf den Felsen in den Himmel. Sein starkes Licht blitzt alle 20 Sekunden vier mal und seine Leuchten sind die höchsten der ganzen Balearen.

200 Arbeiter benötigten gut zweieinhalb Jahre um schließlich 1863 das mächtige Bauwerk fertigzustellen. Das gesamte Baumaterial wurde, wenn das Wetter es zuließ, per Schiff aus Alcúdia geliefert und anschließend mit einer Seilwinde auf eine Höhe von 160 Metern gehievt. Ursprünglich wurde als Brennmittel für das Licht Olivenöl, später Paraffin benutzt. 1962 wurde er an die Stromversorgung angeschlossen. Da die Stromversorgung jedoch regelmäßig durch Blitzeinschläge außer Gefecht gesetzt wurde, lieferten später zwei Generatoren den Strom, die aber mittlerweile durch eine Solarstrom-Anlage ersetzt worden sind. Im Gebäude des Leuchtturms befindet sich heute eine einladende Cafeteria, perfekt für eine Einkehr.

GPS 39.961274, 3.212796

Der nördlichste Punkt Mallorcas: das Cab de Formentor.

Am Tunnel oberhalb der Cala Figuera.

Leckerchen für die Ziege.

Schon in der zweiten Kehre lockt ein kleiner asphaltierter Platz zum Halten. Weit fällt von hier der Blick über die prächtige Badia de Pollença, die Bucht von Pollença. Das schneeweiße Band des Küstenortes strahlt zwischen den tiefen Blautönen des Meeres und des Himmels, am Horizont steigen die felsigen Gipfel der Halbinsel von Alcúdia und der Serra de Tramuntana empor. Keine drei Minuten genießen wir das Panorama, da werden wir schon aus

Einfahrt in die düstere Unterwelt am Cap de Formentor.

unserem Genuss gerissen. Unser vermeintlicher Parkplatz entpuppt sich als Zufahrt zu einer Militäranlage und unser Motorrad blockiert die Zufahrt. Das ungeduldige Gesicht der uniformierten Kollegen verrät, dass wir nicht die einzigen sind, die bisweilen die militärische Sicherheit Mallorcas gefährden.

Eine Lücke fürs Zweirad findet sich hier immer und der Stopp ist gut investierte Zeit. Zu Fuß geht es in wenige Meter weiter in die mächtigen grauen Felsen hinein, hinter denen es abrupt in die Tiefe geht. Gut 200 Meter über der Gischt endet die Felskante, kein Platz für Menschen mit Höhenangst.

Der Leuchtturm Faro de Formentor leuchtet seit 1863.

In einem bunten und steten Mix von knackigen und weiteren Kehren und Kurven arbeiten wir uns emsig weiter in die Höhe. Langsam wird es karger. Ein paar Rennradler teilen sich mit uns den Asphalt und bald kündet ein blaues Schild vom nahenden Aussichtspunkt, dem Mirador des Colomer. Das wäre allerdings kaum nötig gewesen: Er ist unübersehbar. Gleich drei Reisebusse und wenigstens zehn Autos knubbeln sich auf dem kleinen Parkplatz. Wohl dem, der hier mit dem Mopped nach einem Parkplatz sucht.

Die Aussicht ist einfach gigantisch, nicht umsonst gilt das Panorama mit dem Blick auf die kleine vorgelagerte Insel Es Colomer als einer der schönsten der ganzen Baleareninsel. In den Felsen verläuft sich auch die Menschenmenge und es bleibt uns genug Muße, diese fantastische Aussicht aufs türkisfarbene Meer und auf die umliegenden steilen Berge auch reichlich zu genießen.

Zurück auf der Ma-2210 geht es über zwei kernige Serpentinen immer weiter an der Felsküste entlang. Spektakulär führt die Straße entlang der steilen Küste, rechts wachsen mächtige Felsen in die Höhe, linker Hand glitzert das Wasser und urplötzlich taucht auch wieder das kleine Eiland Es Colomer im Bickfeld auf.

Ein paar weitere Kehren später, lockt die Abfahrt zum Playa de Formentor, dem einladenden Badestrand gleich gegenüber der Illa de Formentor. Baden steht bei uns heute nicht auf dem Programm, wir folgen der Straße in Richtung Kap und erreichen bald die kleine Bucht Cala Figuera. Der Name ist nicht zu verwechseln mit dem gleichnamigen Dorf an der Südostküste. Die versteckte Bucht hier ist zwar gerade mal gute 50 Meter breit, aber das kristallklare Wasser, das türkisfarbene Meer, der in der Sonne gleißende weiße Sand und die umliegenden extrem steilen Felsen und Berge machen dieses Stückchen Mallorca ganz einzigartig. Und wer mal hier war, vergisst sie garantiert nicht. Mal wieder sind wir auch aus praktischen Gründen ganz froh, mit dem Motorrad unterwegs zu sein. So finden wir problemlos einen Parkplatz am schmalen Straßenrand und können in Ruhe und Muße Landschaft und Panorama genießen.

In weißen Felsen

Ein kurzer, dunkler Tunnel, dann geht es weiter hinaus in Richtung Kap. Wild schlängelt sich der Asphalt durch Grün und Fels. Hier lässt es sich auch prima wandern, schmale, steile Wege führen in die bergige Landschaft – ein Eldorado für Naturfreunde. Je weiter wir auf der tollen Bergstrecke gen Nordosten kommen, umso häufiger lässt sich das Meer blicken. Immer wieder locken Aussichtspunkte zum

Türkis trifft blau in der Bucht von Pollença.

Verweilen. Wir könnten alle paar Meter anhalten, so schön ist es hier. Und schließlich fällt unser Blick dann auf den schneeweißen Faro Formentor, den höchsten Leuchtturm Mallorcas. Seit über 150 Jahren markiert er den nördlichsten Punkt der Insel und leitet die Schifffahrt sicher um das steile und felsige Cap de Formentor herum. An schönen Tagen kann man von hier aus bis zum 40 Kilometer weit entfernten Menorca schauen. Natürlich klettern wir ein bisschen in den vielen, weißen Felsen herum, lassen die faszinierenden Ausblicke auf uns wirken und gönnen uns anschließend in der Cafeteria des Leuchtturms zwei stärkende Sandwichs und zwei starke und heiße Kaffee.

Die traumhafte Ma-2210 endet hier am Leuchtturm. Um viele Eindrücke reicher klettern wir auf unser Motorrad und machen uns auf den Weg zurück. In umgekehrter Richtung ist die Strecke nicht weniger spektakulär und beeindruckend. Über viele Kilometer genießen wir die kurvenreiche Fahrt und erreichen irgendwann wieder Port de Pollença. Das entlässt uns in Richtung Süden auf die Ma-2220 und in ruhiger und entspannter Fahrt geht es entlang der Bucht von Pollença. Die Straße führt direkt am Strand entlang. Der Geruch des Salzwassers und des Seetangs steigt in unsere Helme. Parkmöglichkeiten für das Mopped gibt's direkt am Wasser, ein prima Platz, um ein wenig im Sand zu relaxen, die Beine auszustrecken und ein wenig den unzähligen Eindrücken des Vormittags nachzuhängen.

Quer durch Alcúdia steuern wir etwas später das Cap des Pinar an. Immer an der felsigen Küste entlang schlängelt sich der Asphalt durch eine zerklüftete Felslandschaft. Eng und

Uralte Olivenbäume in Mallorcas Nordosten bei Artà.

kurvenreich geht es rauf und runter, um scharfkantige Felsen herum und entlang steiler Klippen. Auch dieses traumhafte Stück Küstenstraße endet schließlich in einer Sackgasse. An deren Ende erwartet uns das Mirador de la Victoria. Hier glänzt nicht nur die – wie sollte es auch anders sein – fantastische Aussicht, sondern auch das gleichnamige Restaurant. Hier lässt es sich prima tafeln, das Preis-Leistungs-Verhältnis stimmt und die Bedienung ist freundlich. Der ideale Platz für eine erholsame Pause und ein leckeres Mahl.

Im Kurveneldorado

Badia d'Alcúdia, die Bucht von Alcúdia, steht als nächstes Ziel auf unserem Programm. Port d'Alcúdia mit seinen nahezu zehn Kilometer langen Sandstränden geleitet uns gen Süden. Der Playa de Alcúdia und der Playa de Muro gehören zu den schönsten Stränden der Insel. Gleich im Hinter-

land liegt der Naturpark S'Albufera, mit 1646 Hektar Größe das wichtigste Feuchtgebiet der Balearen und ein bedeutendes Stück Natur auf der Insel. Direkt entlang seiner Grenze steuern wir um die Bucht.

Unser Ziel, eine ganze Ecke weiter östlich, ist Artà – ein interessanter Ort. Rund um seinen zentralen Platz, dem Plaça d'Espanya und dem sehenswerten Rathaus, ziehen sich enge und verwinkelte Gassen, nette Cafés warten auf Besucher und die beiden, auf einem Burghügel thronenden Kirchen wirken wie eine mittelalterliche Filmkulisse. Den Kaffee heben wir uns für später auf. Zuerst wollen Kiki und ich nochmal ordentlich Kurven genießen. Diese Gelegenheit gibt sich bestens auf der Strecke zwischen Artà und der Ermita de Betlém.

Die Anfahrt zu dieser alten Klosteranlage gibt nicht nur immer wieder Ausblicke auf die Landschaft frei, sie ist auch ein unglaubliches Kurveneldorado. Nicht ganz umsonst weist an ihrem Ende ein Kurvenschild mit dem Zusatz „8km" darauf hin. Wer zudem Lust auf ein schönes Stück Kultur hat, der schlendert im Schatten einer schönen Zypressenallee durch die Klostergärten zur Klosterkapelle, die mit einem Marmoraltar, zahlreichen Skulpturen und eindrucksvollen Fresken in der Kuppel aufwartet. Und wie natürlich stets an solchen Orten: Der Blick auf diesen bildschönen Teil Mallorcas ist einfach klasse.

Reizvolle Serpentinenstrecke bei Artà.

Und gleich noch ein echtes Mallorca-Highlight erwartet uns ab Artà. In nördlicher Richtung führt eine unscheinbare Strecke an die Cala Mitjana. Ein eher wenig bekanntes, aber dafür umso schöneres Stück Mallorca. Hier lässt sich über holprige Wege direkt an die Strände fahren. Scheinbar menschenleere Küstenabschnitte mit felsigen, aber auch sandigen kleinen Buchten, glasklares Meerwasser, das zum Baden lädt und das türkis leuchtende Meer im Kontrast zu den graugrünen Felslandschaften sind ungemein faszinierend.

Cala Ratjada, nach Palma der zweitwichtigste Fischereihafen Mallorcas, ist schließlich die letzte Station unserer heutigen Tour. Der Hafen, in dem auch die Ausflugsschiffe nach Cala Millor und Porto Cristo starten, die historischen Langustenhäuser, der ruinöse Wachturm und nicht zuletzt der Leuchtturm Far de Capdepera locken hier an den östlichsten Punkt der Insel. Mit einem köstlichen Café con leche und dem Blick auf das geschäftige Treiben im Hafen lassen wir es uns unter dem Schatten eines Sonnenschirms gut gehen bevor uns letztendlich die Ma-15 und die Ma-12 wieder zurück nach Port de Pollença führen, den Ausgangspunkt dieser an Kurven und Panoramen so reichen Runde. ◄

Pause an der Cala Mitjana zwischen Cap de Ferrutx und Cala Ratjada.

INFOS ZUR TOUR

CHARAKTERISTIK

Auf dieser Strecke wird alles geboten, was es auf der Baleareninsel so an Straßen gibt. Von der schnellen und erholsamen Landstraße bis zur engen, verwinkelten Bergstrecke, die sich auf anspruchsvolle Art und Weise durch die Landschaft schlängelt. Ein Traum sind die Ausblicke, von denen wir so reichlich schwärmen. Die Route aufs Cap de Formentor ist mit Sicherheit eines der ganz großen Highlights Mallorcas.

PÄSSE DER TOUR

Auf dieser Route gibt es zwar keine ausgewiesenen Pässe, das stete Auf und Ab lässt aber garantiert nichts zu wünschen übrig.

ÜBERNACHTUNG

Hotel Villa Singala
Carrer del Far 2, 07470 Port de Pollença
Freundliches Hotel mit nettem Team in ruhiger, aber dennoch günstiger Lage. Kleiner Pool, 50 Meter zum Meer, gutes Frühstück.
www.hotelvillasingala.com
GPS 39.911267, 3.092344

Wellness & Spa Hotel Illa d'Or
Carrer del Far 19
07470 Port de Pollença, Unmittelbar am Wasser gelegen, gehobenes Ambiente, tolle Terrassen mit Meerblick, ebenso manche Zimmer, sehr gutes gastronomisches Angebot.
www.hotelillador.com
GPS 39.910376, 3.094845

KOMBINATIONSMÖGLICHKEITEN

Diese spannende Runde hat den gleichen Ausgangspunkt wie Route 3: Port de Pollença. Wer mag, hängt noch einen Ausflug in den Naturpark S'Albufera an oder macht einen Abstecher in die Serra de Tramuntana.

Mallorquin-Bikes

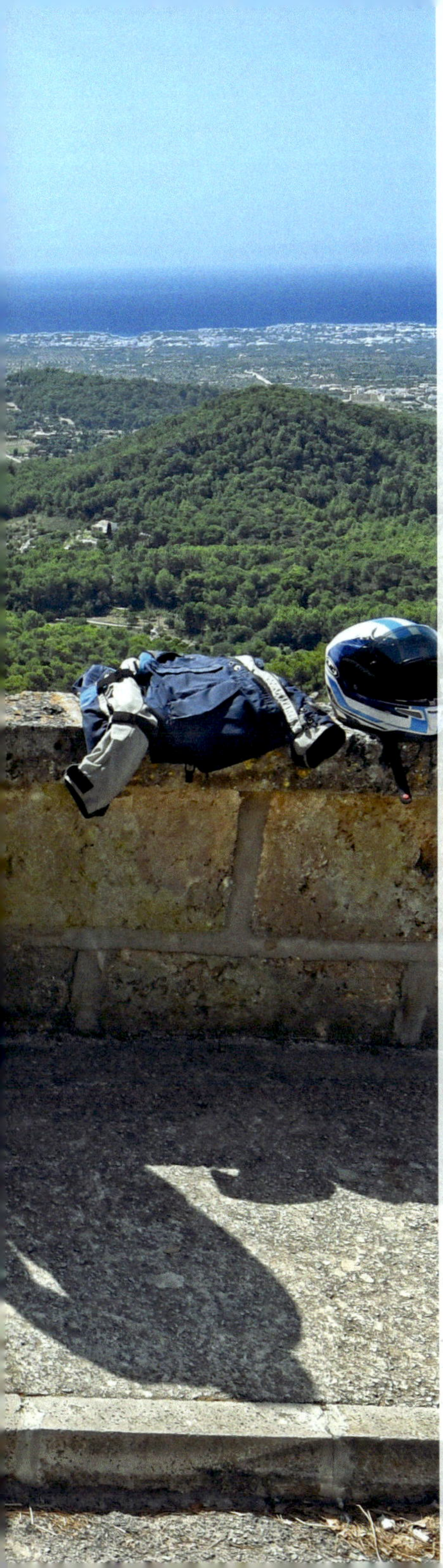

Im Land der **Panoramen**

Keine Frage – auch der Süden Mallorcas hat für Motorradfahrer seinen Reiz. Hier findet sich so etwas wie das ursprüngliche Mallorca: Kaum befahrene Nebenstrecken, steile Felsküsten, menschenleere Strände und die aussichtsreichen Gipfel der Serra de Llevant locken in eine nahezu unbekannte, dafür aber um so schönere Region, die viel bietet und entdeckt werden will.

Blick auf die Südküste am Castell de Santueri.

TOUREN-STECKBRIEF

BASISORT
Felatnix (39.474310, 3.148385)

STRECKENLÄNGE
ca. 185 km

DAUER DER TOUR
5-6 Stunden

ROADBOOK
Felatnix, Castell de Santueri, Cas Concos des Cavaller, s'Alqueria-Blanca, Santuari de la Consolació, s'Alqueria-Blanca, Portopetro, Santanyi, Cap de ses Salines, ses Salines, Sa Ràpita, Cap Blanc, Llucmajor, Santuari de Cura, Llucmajor, Porreres, Felanitx.

HIGHLIGHTS
Alle im Text genannten Auffahrten zu den Klöstern und Aussichtspunkten lassen sich getrost als Highlights bezeichnen. Neben herausfordernden Serpentinen protzen sie mit tollen Panoramen.

Die elf Kilometer lange Ma-5020 zwischen Llucmajor und Porreres macht mit ihren langgezogenen Kurven eine Menge Spaß, Ring frei zum Rastenkratzen (GPS 39.502322, 2.965100 etwa mittig der Strecke).

Offroad-Spaß am südlichsten Punkt der Insel: Cap de ses Salines.

Es Pla
Sineu
Sencelles
Maria de la Salut
Ariany
Petra
Sant Joan
Lloret de Vistalegre
Montuïri
Vilafranca de Bonany
Algaida
Llucmajor
Porreres
Felanitx
Campos
Santanyí
Ses Salines
Colònia de Sant Jordi
S'Estanyol de Migjorn
Sa Ràpita
Vallgornera
Costitx
Biniali
Biniagual
Jornets
Son Aloy
Son Salas
Son Arrosa
Leyá
Son Canyada
Ca's Canar
Son Binifart
Son Rubí
Son Pastor
Son Rex
Ruberts
Ca'n Matet
Ca'n Xota
Son Gat
Pina
Son Cervera
Son Moll
Son Llubí
Son Colá
Son Mezquida Nou
Son Mayol
Son Brondo
Ca'n Miquel Ribas
Casucha
Tagamanent
Son Monió
Son Comellas
Son Gil
Sa Punta
Sa Torre
Son Maimo
Son Pastor
Llampí
Sa Gleda
Son Vinyota
Son Baifogó
Montblanc
Son Guillot
Son Huguet
Ca'n Ribotet
Rafalet Drach
Son Sureda Pobre
Sa Vall
Son Canals
Ca'n Mascaró
Son Dalmau
Es Pou Nou
Ca'n Roig
Son Bessó
Sa Teulera
Ca'n Casoli
Son Moix
Son Dragó
Son Amer
Son Proenç
Ca'n Marilla
Talaiot de Son Fred
Mare de Deu del Angels
Convent dels Minims
S'Estació
Virgen de la Salut
Mirador de sa Creu
Sant Pere
Sant Bernat
Ermita de Nostra Senyora de Bonany
Ermita de la Consolació
els Calderers
Poblat Talaiòtic Son Fornés
Sant Bartomeu
Ermita de Sant Miquel
Museo El Palau
Torre de ses Puntes
Hornos Gordiola
Puig de Sant Nofre
Pedreras
Son Coll Vell
Son Augustí
Ermita de la Pau
Castellitx
Aubenya
Son Ribas
Alcoraia
Son Rubí
Son Collel
Puig de Sant Miquel
Son Bages
Es Pagos
Sant Martí
Son Palou
Son Valls de Sastre
Son Valent
Es Rafelet
Ca'n Singaa
Son Vaquer
Iglesia de Cristo Rei
Son Valls Nou
Puig de Randa
Puig de Galdent
Randa
Ca'n Bassola
Son Conill
Santuari de Nostra Senyora de Cura
Ermita de Sant Honorat
Santuari de Nostra Senyora de Gràcia
Sa Maimona
Ermita de Santa Creu
Mare de Déu de la Consolació
Puig de ses Rocas
Sa Bastida
Son Sastre
Puig d'en Famella
Santuari de Monti-sion
Son Gornals
Pou Nou
Son Cosme
Son Neveta
Son Mesquida
Sant Miquel
Convent de Sant Agustí
Ermita de Sant Salvador
Puig de Sant Salvador
Castell de Santueri
S'Hort
Son Rubí
Sant Miquel
Son Niar
Puig de Son Mulet
Son Caldes
Son Mulatet
Son Gabriela
Es Gomeles
Son Dragó
Ses Puntes
Sa Tortuga
Son Burguera
Son Bernardi
Son Rossinyol
Ca's Porradeint
Son Oliveret
Son Negre
Ca's Salines
Ca'n Firella
Ca'n Torres
Ca'n Guixá
Son Seguí
S'Alqueria Rotja
Sant Julià
Son Marranet
Revellat
S'Hort Ca'n Benavent
Ca'n Bernat
Ca'n Menut
es Carritxó
Ca'n Curta
Ca's Concos
Son Catany
Son Boscana
Ca'n Roig
Ermita de Sant Blat
Son Elegant
Son China
Son Duai
Calonge
Son Moro
Puig Gros
S'Alqueria Blanca
Oratori de la Consolació
Ca'n Ferraret
Ca'n Sabater
Vinyoleta
Vernisa
Sa Sorda
Son Catlar
Son Bielo
Solleric
Sa Barrala
Es Palmer
Ca'n Banyeta
Son Alegre
Son Danus
Ca'n Sera
el Serrat Nou
Ca's Coix
Sa Coveta
Banys de Sant Joan
Es Rafal Llinás
Botanicactus
Llombards
Parc Natural de Mondragó
Sa Barca Trencada
Porto-petro
Cala Mondragó
S'Alqueria Rotja
Cala Santanyí
Son Come Pons
Cala Figuera
Estret des Temps
Es Rafal dEs Porcs
Cala Llombards
Cap d'es Pinar
Cala Entimó
Punta Plana
Racó de s'Arena
Platja de sa Rápita
Ses Covetes
Ensenada de sa Ràpita
es Trenc
Salines de Llevant
Punta d'es Tort
es Cotó
Cala Galiota
Illa la Guardia
Illa Moltona
Platja de ses Roquetes
Punta de sa Tianeta
Cala Entugores
Punta Galera
Platja d'es Caragol
Punta Negra
Punta d'es Milà
Cap de
Sa Vall
Estany des Tamarells
Estany de ses Gambes
Sa Vallet
Punta d'es Bous
Cala Figuereta
Cala Marmols
Punta de sa Cresta
Racó de na Barbera
Cala de sa Comuna
Cala s'Almonia
Punta Fontanella
Punta Bagaseta
Ma-15
Ma-19
Ma-14
Ma-3240
Ma-3300
Ma-5100
Ma-6014
Ma-6100
Ma-6110

Unbefestigte Nebenstrecken für Enduristen.

Felanitx, gleich zu Füßen der Mittelgebirgskette Serra de Llevant liegend, ist der Ausgangsort dieser interessanten Runde durch den südlichen Teil Mallorcas. Hier haben auch Johannes, Anke und ihr Team von Mallorquin-Bikes ihren Standort. Was liegt also näher, als sich eines der vielen, perfekt gepflegten Motorräder von Johannes auszusuchen, die passenden Motorradsachen zu probieren und damit auf Tour zu gehen. Noch einen Kaffee und ein Schwätzchen, dann geht's auch schon los.

In südlicher Richtung verlassen wir Felanitx und kaum haben wir auf der Ma-14 die Stadtgrenze hinter uns gelassen, da heißt es auch schon links abbiegen. Unser Ziel ist das Castell de Santueri. Es ist nicht nur ausgeschildert, schon von weitem ist seine Silhouette auf dem Berggipfel weit hinten am Horizont auszumachen.

Aber bevor wir das erreichen, steht erst mal das schmale Asphaltband des Cami des Castell auf dem Programm. Gesäumt von den auf Mallorca so weit verbreiteten Steinmauern rechts und

Die Felsenburg Castell de Santueri.

links der Straße führt es uns durch die liebliche Landschaft. Blühende Bäume, grasende Kühe und immergrüne Macchia huschen an uns vorbei; die frische, nach Gras riechende Luft dringt in den Helm. Braune, frisch gepflügte Äcker wechseln sich mit grünen Weiden ab, der eine oder andere Hof versteckt sich zwischen Olivenbäumen. Irgendwann zirkeln wir durch zwei, drei Serpentinen, es geht bergan. Die Strecke ist nichts für Knieschleifer, der Asphalt ist geflickt, gelegentlich liegen ein paar Steinchen oder etwas Sand auf der Straße.

Die Hügel der Serra

Langsam öffnet sich die Landschaft, weit fällt der Blick über die bewaldeten Hügel der Serra. Immer enger wird es, aber wir haben die Strecke für uns. Jetzt, am frühen Morgen, ist hier kein Mensch unterwegs. Und dann, nach der letzten Linkskurve in 408 Metern Höhe, taucht es auf einmal vor uns auf, das Castell de Santueri.

Schon die Römer erkannten die strategisch günstige Lage auf dem

Abstand halten, denn der Kaktus sticht.

AUTOREN-TIPP

CABRERA, DIE ZIEGENINSEL Im Süden dieser Tour liegt der ehemalige Fischerort Colònia de Sant Jordi oder auf kastilisch Colonia de San Jorge. Von dessen Hafen aus starten täglich mehrere Bootsfahrten zur Insel Cabrera.

Cabrera ist die größte Insel des südlich von Mallorca liegenden Insel-Archipels, sowohl etwa 5,5 Kilometer lang als breit und bildet mit 17 weiteren Inseln den Nationalpark Archipiélago de Cabrera. Die Ziegeninsel hat ihren Namen durch die vielen wilden Ziegen, die fast das gesamte Grün der felsigen Insel auffraßen. Damit die Pflanzenwelt nicht komplett verloren geht, wurden die Ziegen kurzerhand nach Mallorca deportiert.

Die Fahrt nach Cabrera lohnt sich allein schon wegen der Cova Blava, der Blauen Grotte. Die gut 150 Meter lange und rund 50 Meter breite Höhle ist nur vom Meer aus zugänglich und schimmert dank der Reflexionen auf ihrem sandigen Boden tatsächlich in einem tollen Blau. Meist wird sie von den Ausflugsbooten auf der Rückfahrt nach Mallorca angefahren. Außerdem lassen sich bei einem Rundgang über die Insel ein Festungsturm, ein Leuchtturm und ein alter Seemannsfriedhof entdecken. Zudem lockt das Museo Etnográfico e Histórico Es Celler, ein Museum zur Insel-Geschichte in einer alten Bodega.

GPS 39.316084, 2.996783 (Touristinformation und Hafen in Colònia de Sant Jordi).

Berggipfel und errichteten hier eine Festung, auf deren Überresten später weitere Burgen gebaut wurden. Wir rollen zu Füßen der mächtigen, schneeweißen Wehrmauern aus und genießen die tolle Aussicht über das bergige Land. Ruhig und friedlich wirkt es hier.

Kaum vorstellbar, dass hier vor vielen hundert Jahren erbitterte Kämpfe um die ganze Insel gefochten wurden. Jakob der Eroberer, mittelalterlicher Heerführer der Krone Aragons, kämpfte genau hier, wo wir gerade stehen, einen erbitterten Kampf gegen die Festung, deren Verteidiger sich erst nach einem Jahr ergaben. Heute sind weite Teile der aus hellem Kalkstein errichteten Burg umfassend restauriert worden und wer mag, kann während der Öffnungszeiten auf eigene Faust die wehrhaften Mauern und Türme erkunden. Da die Zeiten schon mal wechseln, empfiehlt sich vorher ein Blick auf die Internetseite des Castells (**www.santueri.org**).

Im Kloster

In nordwestlicher Richtung stürzen wir uns wieder vom Burgberg herunter. Wieder geht es über den schmalen Asphalt durch die einsame Landschaft und zurück zur Ma-14. Entlang weiter Felder führt die uns nach Cas Concos, wo wir nach s'Alqueria Blanca abbiegen. Gleich ganz in der Nähe dieses verträumten Dorfes wartet schon der nächste Aufstieg und damit der nächste Aussichtspunkt auf uns – Santuari de la Consolació.

Im Santuari de la Consolació gibt's eiskaltes Brunnenwasser.

Die kleine, überschaubare Klosteranlage ist kaum bekannt und nur selten verirrt sich jemand hierhin. Umso schöner; diese Oase der Ruhe lädt zu einer entspannenden Pause und zu einem tollen Rundblick, der tiefe Brunnen spendet frisches, eiskaltes Trinkwasser. Wer zudem noch etwas für sein Seelenheil tun möchte, wendet sich an die „Madonna der Tröstung“: Die Statue stammt aus dem 18. Jahrhundert.

Kleines Hafendorf

Genug geguckt, weiter geht's. Wir nehmen Kurs auf die Küste. Das bildschöne Portopetro steht auf dem Programm. Das kleine Hafendorf liegt ein wenig südlich des quirligen Cala d'Or. An seinem alten Hafen, in dem auch heute noch Fischerboote am Kai dümpeln, liegen einige gemütliche und einladende Cafés. Genau der richtige Platz für uns, mit Blick aufs Wasser einen stärkenden Café con leche zu genießen. Diese spanische Variante des Milchkaffees wird fast immer aus einem Espresso mit Milch zubereitet. Frisch gestärkt verlassen wir Portopetro und steuern über kleine Nebenstrecken das Städtchen Santanyi an. Hätten wir nicht gerade die

Das Santuari de la Consolació ist eine Oase der Ruhe.

Am Hafen von Portopetro.

nötige Portion Koffein zu uns genommen, Santanyi wäre dafür unsere erste Wahl. Der bildschöne zentrale Platz, der Placa Major, ist von urigen Fassaden gesäumt, in dessen Schatten einige nette Cafés auf durstige Besucher warten. Die Kirche Sant Andreu aus dem 18. Jahrhundert, die Rosenkranzkapelle und das 120 Jahre alte Rathaus machen die schöne Kulisse komplett.

Besuch am Cap

Natürlich wollen wir es uns nicht entgehen lassen, Mallorcas südlichstem Punkt einen Besuch abzustatten, dem Cap de ses Salines. Nahe des gleichnamigen Ortes ses Salines führt eine Stichstraße durch weite, offene Landschaft ans Kap. Seit 1863 weist hier der Leuchtturm Far des Cap de ses Salines der Schiffahrt den Weg. Die Strände um ihn herum sind ein Traum,

das türkisblau leuchtende Wasser lädt zum Baden und die schöne Küste wird ab hier gerne von Wanderern unter die Schuhsohlen genommen. Zurück über die Ma-6110 passieren wir bal den Ort ses Salines und fliegen weiter gen Westen. Hier liegen Mallorcas große Salzsalinen, in denen seit Jahrzehnten das mallorquinische Flor de Sal gewonnen wird. Wer mag, kann die interessanten Anlagen besuchen und sich zwischen mächtigen Salzbergen die Salzgewinnung erklären lassen.

Das Cap de ses Salines bietet nicht nur Fahrspaß (l. Seite), sondern auch eine sehenswerte Kirche.

Abseits der Massen

Gleich westlich liegt das Küstenstädtchen Sa Ràpita. Hier folgt die Küstenstraße direkt dem Verlauf des Wassers. Der Sandstrand Platja de sa Ràpita lädt zum Sonnenbaden und ist durch den häufig wehenden Wind vor allem bei Surfern sehr beliebt. Mit stetem Blick auf das Meer rollen wir durch den Ort, die salzige Meeresluft in der Nase. Bald biegen wir wieder ins Landesinnere ab, folgen der Ma-6014.

Kaum zu glauben, dass wir hier gerade mal 15 Kilometer Luftlinie vom Massentourismus bei S'Arenal entfernt sind. Auf der Straße ist kaum jemand unterwegs, weit und breit ist außer Grün nichts zu sehen. Dichte Macchia fliegt an uns vorbei, niedrige Steinmauern begrenzen den Asphalt –

Idylle pur. Schnurgerade, wie mit dem Lineal gezogen, führt uns der Weg ans Cap Blanc. In der einzigen kernigen Kurve weit und breit, weist das Schild aufs Kap. Auch hier steht einer der 16 großen Leuchttürme Mallorcas.

Beeindruckende Felsküste am Cap Blanc.

Ein paar Meter entfernt parken wir die Motorräder und stiefeln über Felsen und durch Buschwerk hindurch rechts um den Leuchtturm herum. Der Weg lohnt sich, denn plötzlich stehen wir vor der rund hundert Meter tiefen Steilküste, deren gewaltige Felsen senkrecht hinunter ins Wasser führen. Die Aussicht ist fantastisch,

weit fällt der Blick hinaus aufs tiefblaue Meer und entlang der schroffen Felsküste, die sich auf der rechten Seite bis zum Horizont erstreckt.

Weiter führt uns die Ma-6014 entlang der Küste in Richtung S'Arenal und auf Palmas Flughafen zu. Apropos Flughafen, uns faszinieren immer wieder die Zahlen, die der Aeroport Son Sant Joan in der Inselhauptstadt schreibt: Bis zu 180 000 Fluggäste am Tag, von Freitag bis Sonntag können es

Die Statue in Santuari de Cura ist dem mallorquinischen Philosophen Ramon Llull gewidmet.

schon mal eine halbe Million werden, bei rund 800 Starts und Landungen täglich. Und nicht weniger erstaunlich ist, dass es dennoch so viele Eckchen, Dörfchen und Gegenden auf Mallorca gibt, bei denen sich die Ursprünglichkeit noch bewahrt hat, wo man nichts vom Trubel mitbekommt. Man muss sie nur kennen.

Llucmajor gehört nicht dazu, macht aber nichts. Das umtriebige Städtchen lockt mit dem angeblich schönsten zentralen Marktplatz der Insel. Ob das wirklich so ist, ist diskutabel – er ist zumindest einer der schönsten. Umgeben von fast einhundert Jahre alten Häusern und dem noch älteren Rathaus

lockt der Plaça d´Espanya mit schattigen Plätzen vor Cafés und Bars, mit plätscherndem Brunnen und einem regelmäßigen Markt. Gleich am Rand des Platzes parken wir.

Am Heiligen Berg

Ein bisschen Bewegung tut den Motorradfahrerbeinen ja bekanntlich ganz gut. Eine kühle, erfrischende Limonade später sitzen wir wieder auf dem Mopped und verlassen Llucmajor in nördlicher Richtung. Schon aus weiter Entfernung ist unser Ziel zu sehen, der 542 Meter hohe Puig de Randa. Der einzelstehende Tafelberg wird auch als der Heilige Berg Mallorcas bezeichnet. Kein Wunder, sind doch gleich drei Klöster auf seinen Höhen ansässig. Richtig spannend ist seine Zufahrt, eine gut fünf Kilometer lange Serpentinenstraße. Die stellt schon mal gewisse Anforderungen an die Fahrkunst und wer sein Motorrad in Kurven nicht sicher beherrscht, hat hier bisweilen das eine oder andere Problem. Vor allem, wenn vorhergehende Regenfälle Sand und Schmutz auf die Straße gespült haben.

Schräglage für Schräglage arbeiten wir uns den Berg hinauf. Je höher wir kommen, umso schmaler und holpriger wird die Strecke, bis wir schließlich auf dem großen Parkplatz vor dem Kloster Santuari de Cura ausrollen.

Das Kloster Santuari de Cura ist zugleich Herberge und Cafeteria.

Die sehr schöne, große und gepflegte Anlage ist unbedingt einen Besuch wert. Und das nicht nur wegen des frischen und köstlichen Mandelkuchens, den wir uns in der Cafeteria gönnen.

Das modern renovierte Restaurant des Klosters präsentiert mediterrane Küche und typisch mallorquinische Gerichte, stets aus frischen und natürlichen Produkten hergestellt. Und wer in der Ruhe und Abgeschiedenheit des Franziskanerklosters noch etwas länger verweilen möchte, nutzt das Angebot der ebenfalls komplett renovierten Herberge. 23 Doppelzimmer und 4 Suiten warten auf Besucher. Eigentlich muss man es gar nicht mehr erwähnen, aber die Fernsicht von hier oben ist legendär. Der Puig de Randa gilt als DER Aussichtspunkt Mallorcas.

Weiter Blick über die Serra de Llevant.

Echte Spaßstrecke

Irgendwann müssen wir uns leider aber auch von diesem schönen Ort verabschieden. Wir genießen die herausfordernde Serpentinenstrecke bergab, halten uns kurz vor Llucmajor in östlicher Richtung und nehmen mit der Ma-5020 eine echte Spaßstrecke unter die Räder. Die ist perfekt ausgebaut, ordentlich griffig und glänzt mit einer langgezogenen Kurve nach den anderen. Ganz offensichtlich müssen die Straßenbauer ein ganz großes Herz für Motorradfahrer gehabt haben.

Hart am Gas und in ständig wechselnder Schräglage fliegen wir in Richtung Porreres und schließlich über die letzten Kilometer dieser abwechslungsreichen Runde bis zurück nach Felatnix. ◄

INFOS ZUR TOUR

CHARAKTERISTIK
Diese Runde ist perfekt für reisende Motorradfahrer, die Spaß an Abwechslung haben und gerne das ursprüngliche Mallorca entdecken möchten. Es geht über beschauliche Nebenstrecken durch ruhige Landschaften, zu spektakulären Küstenabschnitten und hinauf auf aussichtsreiche Klosterberge. Man muss nicht unbedingt Blümchenpflücker sein, um diese Runde zu genießen, aber Muße und Neugierde sollte man schon mitbringen. Vorsicht auf den Bergstrecken, eventuelle vorhergehende Niederschläge transportieren Sand und Unrat auf die Fahrbahn.

ÜBERNACHTUNG
Agroturisme Na Martina
Cala Mondrago, Carretera Porto Petro
07691 Portopetro
Sehr schöne Anlage mit klasse Restaurant, prima Zimmern, nettem Service, Pool, großem Garten und mehr.
www.santuaridecura.com
GPS 39.357104, 3.192960

Finca es Pinyar
Ma-4014 / Cami de sa Mola, 07670 Portocolom
Familiär und sehr freundlich geführte, schöne Finca mit geheiztem Pool.
www.fincaespinyar.com
GPS 39.489450, 3.246811

Santuari de Cura
Puig de Randa, 07629 Randa
Das auf dem Tafelberg Puig de Randa liegende Kloster bietet moderner Zimmer und ein sehr gutes gastronomische Angebot in unvergleichlicher Atmosphäre.
www.hotelillador.com
GPS 39.527255, 2.927261

KOMBINATIONSMÖGLICHKEITEN
Da diese Route mit Felatnix den gleichen Ausgangsort wie Tour 6 hat, lässt sie sich bestens mit dieser kombinieren. Vielfahrer können zudem noch eine Runde durch die Serra de Llevant im Osten anhängen oder noch den einen oder anderen Abstecher an die Küste einbauen.

Mittendrin

Nach einem kurzen Stopp an der Küste geht es mitten hinein in die große zentrale Ebene zwischen den Gebirgen der Serra de Tramuntana und der Serra de Llevant. Hier gilt es bildschöne Dörfer und abwechslungsreiche Nebenstrecken zu erkunden – eine Tour für Genießer.

Die Auffahrt zum Monestir de Sant Salvador garantiert Schräglagen.

TOUREN-STECKBRIEF

BASISORT
Felatnix (39.474310, 3.148385)

STRECKENLÄNGE
ca. 190 km

DAUER DER TOUR
5 Stunden

ROADBOOK
Felatnix, Portocolom, Porto Cristo, Sant Llorenc des Cardassar, Artà, Santa Margalida, Muro, Sa Pobla, Llubi, Sineu, Petra, Ermita de Bonany, Manacor, Felanitx.

HIGHLIGHTS
Die schmale und einsame Landstraße zu Füßen der Serra de Calicant zwischen Sant Llorenc des Cardassar und Artà lässt entspanntes Urlaubsfeeling aufkommen (39.662893, 3.263592 etwa mittig der Strecke).

Die Route rund um Muro führt durch den Gemüsekorb Mallorcas, eine urige und fruchtbare Landschaft mit dutzenden Windrädern (39.739766, 3.052264 Muro).

Ein weiter Blick über die Insel vom Monestir de Sant Salvador.

d'Alcúdia
Sa Pobla
Muro
Campanet
Búger
Llubí
Santa Margalida
Can Picafort
Colònia de Sant Pere
Artà
Sineu
Maria de la Salut
Ariany
Petra
Sant Joan
Montuïri
Vilafranca de Bonany
Sant Llorenç des Cardassar
Son Servera
Manacor
Portocristo
Porreres
Felanitx
Portocolom
Campos
Santanyí
Ses Salines
Sant Jordi
Cala d'Or
Cala Figuera
Cala Llombards
Colònia de Sant Jordi
Parc Natural S'Albufera
Parc Natural de Mondragó
Salines de Llevant
Cap de Ferrutx
Cales de Mallorca
S'Illot
Cala Millor
Serra de Llevant
Pla
Lloret de Vistalegre
Santuari de Sant Salvador
Santuari de Monti-sion
Coves del Drac
Coves dels Hams

Windmühle in Felanitx (rechts) und Christkönigmonument beim Monestir de Sant Salvador (rechte Seite).

Das war knapp, sehr knapp! Vor wenigen Minuten waren wir nach einem leckeren Frühstück in Felatnix aufgebrochen, hatten den Ort in östlicher Richtung verlassen und waren nach gut anderthalb Kilometern in die Stichstraße Ma-4011 in Richtung des Monestir de Sant Salvador abgebogen. Das ist nicht nur die Zufahrt zum in 500 Metern Höhe gelegenen ehemaligen Kloster, sondern auch eine bei Motorradfahrern und Radfahrern gleichermaßen beliebte, spektakuläre Serpentinenstrecke. Kaum haben wir die ersten Kehren hinter uns, schießt auf unserer Seite der Straße ein Radler nur wenige Zentimeter am Lenker unserer BMW vorbei. Der Kollege hat sich bergab wohl ein wenig übernommen. Teufel, wenn ich bis jetzt nicht wach war, dann spätestens jetzt.

Mit leicht erhöhtem Puls geht es unzählige weitere Kehren bergauf. Schon von weitem ist das 1957 errichtete riesige Steinkreuz auf dem Felsvor-

GS
brembo

Aussichtspunkt am Monestir de Sant Salvador.

sprung Es Picot zu erkennen. Es gehört zur Klosteranlage und ist über einen schmalen Fußweg zu erreichen. An ihm vorbei erreichen wir schließlich die mächtige Aussichtsplattform auf dem Gipfel des Puig de Sant Salvador. Wir sind ziemlich beeindruckt. Über eine breite Freitreppe geht es auf ein Podest, auf dem seit 1934 das 37 Meter hohe Monument Crist Rei, eine gewaltige Christusfigur thront. Nicht nur das Monument nimmt Kiki und mich gefangen, auch die Aussicht von hier oben ist grandios. Bis in die Höhenzüge der Tramuntana lässt sich schauen – auf der anderen Seite fällt der Blick bis an die Küste bei Portocolom.

AUTOREN-TIPP

MALLORCAS HÖHLEN Die Höhlen Mallorcas zählen nicht umsonst zu den faszinierendsten der Welt. Unzählige Grotten und Höhlen durchziehen die Insel, in vielen gibt es unterirdische Seen. Besonders in der Serra de Llevant lassen sich zahlreiche Höhlen während der Bergwanderungen entdecken, sie sind meist auf guten Wanderkarten verzeichnet.

Eine der interessantesten Höhlen Mallorcas ist die Coves del Drach bei Porto Cristo. Sie ist über 1700 Meter zugänglich und besitzt mit dem 177 Meter langen Lago Martel den größten unterirdischen See Europas. Steile Treppen verbinden die einzelnen Gänge und Kammern in denen Stalaktiten und Stalagmiten wachsen und sich zum Teil zu Säulen verbinden. In den Höhlen werden täglich Konzerte vorgeführt, ein erstaunliches klangliches Erlebnis (**www.cuevasdeldrach.com**).

Faszinierend sind auch die Höhlen von Artà, die größten der Insel. Sie sind ebenfalls erschlossen und liegen bei Canyamel rund 40 Meter über dem Meer. Highlight der Tropfsteinhöhle mit ihren unterschiedlichen Sälen ist der „Saal der tausend Säulen". Führungen durch die Höhlen gibt es auch in deutscher Sprache: Sie dauern etwa eine halbe Stunde. **GPS** 39.656025, 3.450709

Ab in die Zelle

Gleich neben dem Monument, auf der anderen Seite des Parkplatzes, liegt das Kloster. Im 14. Jahrhundert als kleine Kapelle gegründet, wurde die Anlage immer weiter ausgebaut und schließlich zu einer befestigten Wehr-

anlage und einem Kloster ausgebaut. 1992 ging das Kloster nach dem Wegzug der letzten Mönche in Privatbesitz über. Die ehemaligen Mönchszellen wurden saniert und wer Lust auf ein besonderes Übernachtungserlebnis hat, kann darin die Nacht verbringen. Zum Hotel gehört auch ein Res-

taurant, auf dessen Terrasse es sich bei toller Fernsicht lecker speisen lässt.

Der Blick weit hinaus auf die Küste hat uns neugierig gemacht. Schräglage für Schräglage stürzen wir uns wieder den Puig de Sant Salvador hinunter und nehmen Kurs auf Portocolom. Gut zehn Kilometer später rollen wir an dessen altem Hafenbecken aus. Portocolom hat sich bis heute eine gewisse Idylle bewahrt. Vielleicht liegt es an den nur sehr wenig vorhandenen Bademöglichkeiten.

Wie auch immer, hier ist nichts vom Trubel vieler anderer Küstenstädtchen Mallorcas zu spüren. Im Hafen dümpeln Fischerboote und kleine Segelschiffe um die Wette, in der direkt am Hafen gelegenen Altstadt laden beschauliche Gassen zum Bummeln und nette Cafés zum Relaxen. Auf keinen Fall sollte man es sich entgehen lassen, auf die Spitze der Halbinsel hinaus zu fahren, die den größten Naturhafen der Insel zum Meer hin abschließt. Hier ragt nicht nur der Leuchtturm in den Himmel, es gibt auch einen prima Aussichtspunkt, der sich gut mit dem Motorrad anfahren lässt. Der Mirador En Caubó ist

Portocolom ist der größte Naturhafen Mallorcas (oben und unten).

Die mächtigen Eichen sind prima Schattenspender.

eigentlich nur ein Kreisverkehr am Ende einer Sackgasse, aber hier bietet sich ein toller Blick auf die felsige Küste und weit hinaus auf das tiefblaue Meer.

In der Drachenhöhle

Zurück auf der Ma-4014 folgen wir entspannt am Fuße der Serra de Llevant der Küste. Meist geht es durch offenes Land, Felder und Weiden wechseln sich ab. Irgendwo kurz vor Porto Cristo werden wir mehrfach von entgegenkommenden Autofahrern angeblinkt. Das Warnsystem funktioniert, kurz vor dem Ortseingang wachen ein paar eher gelangweilt schauende Carabinieri über das Geschehen auf der Straße – unbehelligt dürfen wir passieren. Wenige Meter weiter liegen die spektakulären Drachenhöhlen, die Coves del Drac. Das 1700 Meter lange Höhlensystem beherbergt den größten unterirdischen See Europas und in dem kompletten Höhlensystem, in dem sich sechs weitere Seen befinden, werden täglich tausende Touristen

Die Kirche Sant Miquel in Son Carrió.

erwartet. Wie Portocolom hat auch Porto Cristo einen großen natürlichen Hafen. Auch hier lässt sich prima bummeln und auf Sightseeing-Tour gehen, wenn auch nicht ganz so entspannt wie in Portocolom.

Für einen leckeren Cortado leche lassen wir das Mopped am Straßencafé ausrollen. Wörtlich übersetzt bedeutet das „abgeschnitten Milch Milch" und ist ein Kaffee über einer Schicht Kondensmilch, der wiederum mit einer zweiten Schicht aufgeschäumter Milch bedeckt ist.

Die Burg von Artà

Porto Cristo entlässt uns in nördlicher Richtung. Über das nette Dörfchen Son Carrió geht es nach Sant Llorenc des Cardassar und weiter in einem großen Bogen um den 472 Meter hohen Gipfel Calicant herum. Auf der abgeschiedenen Straße sind wir komplett allein unterwegs, über Minuten begegnen wir niemandem. Dichte grüne Macchia wechselt sich mit unzähligen Oliven- und Mandelbäumen ab, karge, steinige Felder liegen dazwischen. Niedrige, weiße Steinmauern begrenzen immer wieder den Asphalt und zwischendurch geben Lücken im Grün plötzlich den Blick frei auf die felsigen, grauen Hügel der Serra de Calicant.

Bald erreichen wir Artà. Das schöne Städtchen ist nicht nur wegen der hier so zahlreich ansässigen Künstler und Kunsthandwerker bekannt, sondern vor allem wegen der beeindruckenden komplett erhaltenen Burganlage auf dem Kalvarienberg. Innerhalb der mächtigen Festungsmauern ragt die Wallfahrtskirche Santuari de Sant Salvador in den Himmel. Nicht minder beeindruckend ist die gewaltige Pfarrkirche Transfiguració del Senyor, die gleich neben dem Kalvarienberg hoch aus dem Stadtbild ragt. Der zentrale Platz Plaça del Conqueridor mit seinen schattigen Sitzplätzen und Cafés ist der ideale Ort für eine erholsame Rast.

Über die gut ausgebaute Ma-12 verlassen wir Artà gen Westen, weit in

Sonnenblumenfeld bei Sa Pobla.

der Ferne am Horizont sehen wir die Gebirskette der Serra de Tramuntana. Irgendwann weisen Schilder nach links: Inca und Santa Margalida sind hier ausgeschildert und kaum fahren wir auf der Ma-3400 in südwestlicher Richtung, da lässt der Verkehr schon kräftig nach und fast alleine rollen wir durch das Flachland zwischen Feldern und kleinen Oliven- und Mandelhainen hindurch. Quer durch Santa Margalida halten wir uns in Rich-

tung Muro. Das malerische und ländliche Städtchen ist geprägt durch seine Sandsteinbauten und die alte Kirche.

Es liegt inmitten einer Region, die als der Gemüsekorb Mallorcas bezeichnet wird. Wer hier unterwegs ist, sieht schnell, warum. In der fruchtbaren Ebene, die auch als Es Pla bezeichnet wird, blüht die Landwirtschaft. Mächtige Windräder holen das Wasser aus der Erde, frische Produkte und Wein gibt es hier allerorten. Die landwirtschaftlichen Erzeugnisse der Region gibt es übrigens in reicher Aus-

Muro lockt mit steinalten Gemäuern.

In der Ebene bei Sa Pobla stehen noch heute unzählige Windmühlen.

Muro ist immer einen Besuch wert.

wahl auf dem Markt von Muro an jedem Sonntagvormittag. Sehenswert ist auch Muros Markt am Mittwochabend, dann wird hauptsächlich das regionale Kunsthandwerk angeboten.

Über Sa Pobla und Llubi halten wir uns wieder in Richtung Süden. Wer mag, kann hier noch einen Schlenker über Inca machen. Shoppen auf Mallorca? Dann ist man in Inca genau richtig. Vor allem für ihr Schuh- und Lederhandwerk ist die Stadt mit ihren fast 30 000 Einwohnern bekannt – Incas Schuhmacherzünfte bestehen seit hunderten von Jahren.

Prima Ausblicke bietet Ermita de Bonany.

Wein und Oliven

Rund um den zentralen Platz der drittgrößten Stadt Mallorcas, der Plaza de España, reiht sich Laden an Laden, randvoll mit modernen, mallorquinischen Handarbeiten. Uns steht mehr der Sinn nach Motorradfahren als nach Shoppen. Wir nehmen Kurs auf Sineu. Angeblich ist Sineus Markt, der jeden Mittwoch auf dem großen

Platz in der Ortsmitte stattfindet, der schönste Bauernmarkt auf Mallorca. Leider ist heute nicht Mittwoch und so können Kiki und ich das nicht überprüfen, aber das schöne Dorf mit seiner alles überragenden Kirche in der Dorfmitte gefällt uns auch ohne Markt außerordentlich gut.

Entlang der Bahnlinie hangeln wir uns über die Ma-3300 in Richtung Petra. Sonnenverbrannte Felder geleiten uns durch das Flachland. Einige wenige Weinreben und Olivenbäume stehen neben dem Asphalt Spalier. An dem kleinen Dorf Petra vorbei halten wir uns an die Schilder, die in die Richtung der Ermita de Bonany weisen. Die thront auf dem 317 Meter hohen

Die Windmühle in Sineu ist gleichzeitig ein Restaurant.

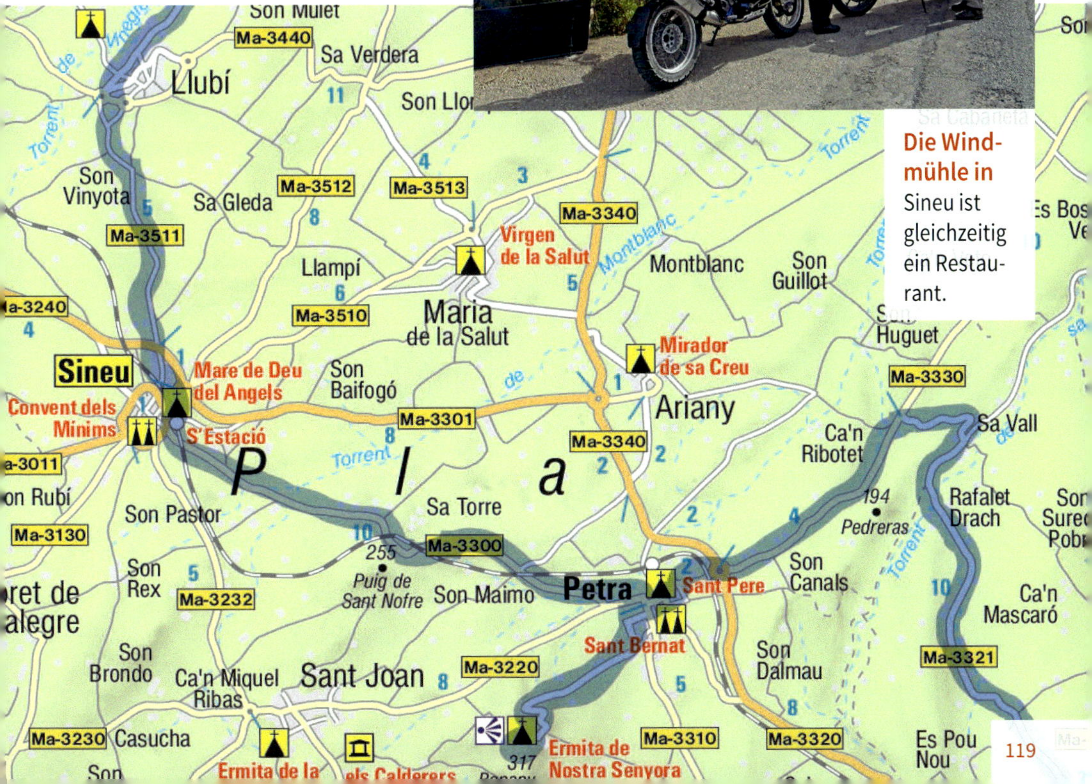

Beeindruckend: die Ermita de Bonany.

Puig de Bonany und ist schon aus großer Entfernung zu erkennen. Errichtet wurde die Kirche, die wegen ihrer majestätischen Erscheinung auch „Catedral de las Montañas" genannt wird, im Jahr 1600. Nach langer Zeit der Dürre hatte es wieder geregnet und ein gutes Jahr, ein „bon any", ging zu Ende. So kam die Kirche schließlich auch zu ihrem Namen. Wie bei allen sakralen Bauten, die auf Mallorca auf vielen Berggipfeln thronen, gibt es hier nach einer spannenden Serpentinenstrecke die Belohnung in Form einer grandiosen Aussicht über die Region.

Auf nach Manacor

Zurück nach Petra und mit einem kurzen Gastspiel auf der Ma-3330 und der ländlichen Ma-3321 führt uns die Runde schließlich nach Manacor, die zweitgrößte Stadt der Insel. Wir nehmen uns vor, für den geschäftigen Ort einen Extra-Tag einzuplanen. Es gibt reichlich zu gucken. Am besten an einem Montag, dann findet auch der Wochenmarkt statt und es gibt reichlich Auswahl. Bekannt ist Manacor vor allem durch seine Olivenholzprodukte, die dort reichlich angeboten werden. Aber auch sonst sind die Läden und Auslagen voller interessanter Dinge, in den Bars und Restaurants gibt es leckeres Essen und Weine und einige historische Bauwerke warten auf die Besucher.

Mit den letzten Kilometern über die Ma-14 nach Felatnix beenden wir diese Runde durch das Herz Mallorcas, die uns die Insel von ihrer einsamen und ursprünglichen Seite gezeigt hat.◂

INFOS ZUR TOUR

CHARAKTERISTIK

Sineu ist nicht nur das geographische Zentrum der Insel Mallorca, sondern auch der Mittelpunkt dieser Tour, die durch einsame Landschaften und über unbekannt Nebenstrecken führt, auf denen man meist fast ganz alleine unterwegs ist. Diese Runde begeistert durch Abwechslung. Spektakuläre Kehren gibt es nur bei der Auffahrt zum Monestir de Sant Salvador. Vorsicht bitte auch vor den Kurven auf den recht engen Nebenstrecken. Gegenverkehr ist selten, wenn er dann mal kommt, ist er meist recht überraschend.

ÜBERNACHTUNG

Petit Hotel Hostatgeria | Monasterio de Sant Salvador
Puig Sant Salvador, 07200 Felanitx
Modern renovierte Zimmer in ehemaligen Mönchszellen des Klosters von Sant Salvador, unvergleichliche Lage auf der Bergspitze, Panorama-Terrasse, ansprechendes Restaurant.
www.santsalvadorhotel.com
GPS 39.455575, 3.186628

Finca es Pinyar
Ma-4014 / Cami de sa Mola, 07670 Portocolom
Familiär und sehr freundlich geführte, schöne Finca mit Zimmern und Apartments, leckerem Frühstück und geheiztem Pool.
www.fincaespinyar.com
GPS 39.489450, 3.246811

KOMBINATIONSMÖGLICHKEITEN

Diese Route hat mit Felatnix den gleichen Ausgangsort wie Tour 5. Für Vielfahrer bieten sich noch ein Abstecher ans Cap de Ferrutx nördlich von Artà oder in die Serra de Tramuntana nordwestlich von Sa Pobla an.

Cala d‘Or wurde erst Anfang der 1930er Jahre angelegt.

Goldene Bucht

Lust auf einen Badetag, auf ein wenig „Abhängen“ und ein leckeres Essen in mediterraner Atmosphäre? Dann wäre das weiße Hafenstädtchen Cala d‘Or an der Südostküste Mallorcas genau das Richtige.

CALA D‘OR Die etwa 4000 Einwohner zählende Gemeinde in der Region Migjorn liegt nur ein paar Kilometer östlich von Santanyi und direkt am Rand des Parque Natural de Cala Mondrago. Eingebettet in die felsig zerklüftete Küste schmiegt sich der Ort mit unzähligen kleinen und hübschen Sandbuchten in die Landschaft. Cala d‘Or ist kein gewachsener, ehemaliger Fischerort wie viele andere Küstendörfer der Insel, sondern wurde Anfang der 1930er Jahre von dem spanischen Architekten Josep Costa Ferrer künstlich angelegt. Nicht umsonst erinnert die klare, weiße Architektur Cala d‘Ors so an Ibiza, stammte der Architekt doch ursprünglich von dieser Insel.

Wer mit dem motorisierten Zweirad unterwegs ist, kann problemlos auch die etwas abseits liegenden Strände anfahren. Die örtlichen Urlauber werden von einem Minizug an die schönsten Strandabschnitte gebracht. Wenn man nicht gerade mitten in der Hauptsaison unterwegs ist, lassen sich durchaus erholsame Strände entdecken, die nicht zu sehr belegt sind. Das Gleiche gilt für das Ortszentrum: Zwar ist Cala d'Or im Sommer schon recht belebt, aber noch lange nicht so überfüllt wie so manch anderes mallorquinisches Städtchen.

CALA D'ORS FUSSGÄNGERZONE ist gespickt mit Bars und Restaurants. Wer den Seeblick bevorzugt, hält sich an den **YACHTHAFEN MARINA PORTO CARI** in der Bucht **CALA LLONGA**. Hier lassen sich die im Hafen dümpelnden luxuriösen Boote beobachten, die würzige Seeluft genießen und es ist auch nicht allzu weit bis zur Festung **ES FORTI**. Die wachte einst über die natürliche Hafeneinfahrt und lässt sich heute bei einem entspannten Spaziergang erkunden – tolle Ausblicke und Panoramen inklusive. Apropos Spaziergang, neben den vielen Läden in den Gassen Cala d'Ors lädt auch dessen Strandpromenade zum entspannten Flanieren.

Nur ein paar Minuten südlich von Cala d'Or, praktisch in der nächsten Bucht, liegt der ursprüngliche Fischerhafen **PORTOPETRO**. Auch hier lässt sich in den einladenden Straßencafés mit einem herrlichen Blick auf die dunkelblaue Bucht hervorragend relaxen. Hier starten auch einige Ausflugsboote zu abwechslungsreichen Touren entlang der bildschönen Küste und hinüber zur Insel Cabrera.

GPS 39.361062, 3.208136 (Portopetro), 39.370806, 3.222296 (Cala d'Or, Hafen).

Luxuriöse Boote im Hafen der Stadt.

Isla **Blanca**

Einmal rund um die drittgrößte Insel der Balearen: Die abwechslungsreiche Runde führt über schmale Nebenstrecken und kurvenreiche Küstenstraßen durch alle Regionen Ibizas. Von Nord nach Süd und von West nach Ost geht es kreuz und quer entlang weißer Dörfer, dichter Wälder und durch Olivenhaine – gerade richtig für einen spannenden Tagesausflug.

Die Festung Santa Lucia wacht seit Jahrhunderten über Ibiza.

EIVISSA/
IBIZA
Cap Blanc
Illa d'en Calders
Cap de sa Creu
Cala Benirràs
Port de Sant Miquel
Cap de Rubió
Na Xamena
Torre d'es Molar
Cova de Ca'n Marça
Port de Sant Miquel
Illa Blanca
Caleta
Cap d'els Mussons
Cap d'Aubarca
Cala s'Aubarca
Punta de ses Torretes
Cala d'en Sardina
es Castellar
Penya Vermella
Camp Vell
400
Ca'n Basora
Sant Miquel de Balansat
Ca'n Planeta
Puig d'en Besora
261
341
Cova
Ca'n Pareta
Sant Miquel Arcàngel
ses Margalides
391
Cap Negret
Ca'n Sopes
Ca'n Planas
Ca'n Gorra
Santa Agnes de Corona
Sant Mateu d'Aubarca
Església de Sant Llorenç
Cap Nonó
258
Nonó
Cova de ses Fontanelles
260
Serra
Ca'n Costa
237
Rota Vella
348
Fornou
PM804
Sant Llorenç de Balàfia
es Pla
Ca'n Vicenç d'Es Cucóns
218
Ribas
Torrent de Buscatell
Ca'n Planells
es Puig
Na Foradada
PM812
S'Illeta
Cala Salada
Punta Galera
275
Juanot
Es Rafal de Dalt
Punta Galera
Ca'n Cucons
Sa Ca
277
Talaia de Sant Llorenç
Cap Negret
Ca'n Germa
Stella Maris
812-1
Illa de sa Conillera
Cap d'es Cavall
Cap de s'Aguila
69
Punta de sa Pedrera
Badia de Sant Antoni
Cala Gració
Cap Blanc
Cala Blanca
Ca'n Besora de Sa Capella
Puig d'es Bassons
Santa Gertrudis de Fruitera
Cap la Bassa
Cala Roig
Església
Platja Cala d'es Moro
Ca'n Castarredona
Ca'n Ramon de Balansat
Ca'n Bernat
Illa Bleda Plana
Illa Bleda Redonda
Cap Blanc
Punta de sa Torre
Cala Bassa
Cala d'es Torrent
Punta Xinxó
Sant Antoni de Portmany
Barrio Ca'n Tumos
Torrent Llavanera
Illa Na Gorra
Illa des Bosc
Bosc
67
Cala Comte
S'Estanyol
Ca'n Portes
Ses Paisses
C-731
Ca'n Guillamó
15
Ca'n Riera
812-2
Sant Rafel de Sa Creu
Ca'n Sort
Illa de s'Espart
Puig d'es Delfín
Cala Bassa
Port d'es Torrent
Cala de Bou
Beniferri
294
Illa d'es Frare
Cala Codolar
213
Sindic
Serra de
262
PM803
Ca'n Alfonso
Serreta de Ca'n Palau
Monte Cristo
Ca'n Fornet
C-733
Ca Na Negreta
Cala Llentia
Cala Corral
Cala Coral
Urbanització el Paradiso
Sant Augustí d'Es Vedrà
Ca'n Ramon
Cala Tàrida
Cala Tárida
Cala Molí
Cala Molí
Serra de sa Murta
Ca's Corp
Puig d'en Valls
Església de Nostra Mare de De
es Paix
401
C-731
Sant Josep de Sa Talaia
Punta de sa Llosa
Serra de Cala Molí
Serra de ses Fontanelles
Jesús
Ca Na Ver
Cala Vedella
Puig Gros
419
Palau
260
Ca'n Negre
Talamanca
Puig d'en Vinyets
Església de Sant Josep
Serra Grossa
Ca'n Misses
Dalt Vila
475
Cala Vedella
Cala Carbó
sa Talaia de Sant Josep
Sa Talaia de Sant Josep
PM803
Ca'n Custell
Sa Carroca
Necròpolis del Puig des Molins
Casino
Cala Talama
Platja de Talamar
Far d'es Botaf
Ses Païsses de Calad'Hort
Serra de Sant Josep
Cala Carbó
Cala d'Hort
Puig d'en Serra
421
803-1
Ca'n Verderá
Cova Santa
Ca'n Jondal
Ca'n Truntoi
Església de Sant Jordi
es Viver
Ses Figueretes
Platja de ses Figueretes
Punta Grossa
Serra de sa Cova Santa
Sant Jordi de Ses Salines
Platja d'en Bossa
Es Daus
Cala d'Hort
Cap Blanc
Es Cubells
Vista Alegre
Puig d'en Palleu
246
PM801
EIVISSA/
Mirador d'es Savinar
Llentrisca
414
Poblado fenicio
Es Codolar
PM802
Platja d'en Bossa
Illa d'es Vedrá
Vedranell
382
Torre del Cabo del Jueu
Cala d'es Cubells
Cap Negret
Ca'n Arribas
Torre de Sal Rossa
Urbanització los Parques
Sa Caleta
Aeroport de Eivissa
Sant Francesc de s'Estany
Illa d'es Vedrá
Cap Jueu
Païssa d'en Font
Cala Llentrisca
Cala d'es Xarcu
Porroig
Punta de Porroig
Sa Caleta
Platja d'es Codolar
ses Salines
Corb Marí
159
Cap Llentrisca
Cala Jondal
Punta d'es Jondal
Cala d'es Bol Nou
Falcó
144
Es Cavallet
Sa Canal
Platja d'es Cavallet
Cap d'es Falcó
Platja de ses Salines (Platja de Migjorn)
Torre de ses Portes
Punta de la Roma
Punta de ses Portes
Far d'es Penjats
Illes Negres
Illa d'es Penjats
Far d'en Pou
Illa d'es Porcs
Illa d'e sa Torreta
Illa de s'Espalmador
Cala Torretes
Espalmador
24
Torre de sa Guardiola
Esparadel
29

TOUREN-STECKBRIEF

BASISORT

Ibiza-Stadt (38.911687, 1.432950)

STRECKENLÄNGE

ca. 185 km

DAUER DER TOUR

6 Stunden

ROADBOOK

Ibiza-Stadt, Sant Jordi, Salines, Es Cubells, Cala Vedella, Port des Torrent, Sant Antoni de Portmany, Sant Miquel de Balansat, Port de Sant Miquel, Portinatx, Sant Joan de Labritia, Cala de Sant Vicent, Es Canar, Santa Eulària des Riu, Sant Llorenc de Balafia, Ibiza-Stadt.

HIGHLIGHTS

Die Streckenführung bei dieser Runde recht homogen, aber abwechslungsreich. Die kurvenreichen Nebenstrecken sind besonders am südlichen Ende der Insel, aber auch im nordwestlichen Teil interessant, zu sehen und zu erkunden gibt es überall reichlich. Das fahrerische Highlight ist die Küstenstraße im Nordosten der Runde. Sie bietet zugleich Fahrspaß und Panoramablicke (39.073052, 1.590308).

Im Südwesten fällt der Blick auf Es Verdà.

Ibiza, die Hauptstadt der gleichnamigen Insel (rechte Seite).

Weiße Insel oder Isla Blanca – wer sich Ibiza mit dem Schiff nähert, versteht, weshalb diese Insel oft so genannt wird. Strahlend hell schmiegen sich die Häuser der Inselhauptstadt an den von der mächtigen Kirche beherrschten Hügel gleich hinter dem Hafenbecken. Sanft schaukelnd manövriert unsere Fähre in Richtung Kai.

Heute Morgen liefen wir in Mallorcas Hauptstadt Palma aus und gut 90 Minuten später dümpeln wir im Hafenwasser von Ibiza-Stadt. Von hier sind es nur ein paar Minuten bis in die Calle Carlos III., wo wir uns bei Toni für heute eine Fat Boy leihen wollen. Toni betreibt seit über zehn Jahren einen Harley-Verleih und gibt uns auch gleich ein paar Tipps für die drittgrößte Insel der Balearen mit.

Eine letzte Runde durch den Port d'Eivissa, den Hafen Ibizas, dann verlassen wir die Stadt in Richtung des Flughafens. Unser Ziel ist der Punta de sa Rana, Ibizas südlichster Punkt. Dabei sind es gar nicht so sehr die herrlichen, schneeweißen Strände wie der Platja de Migjorn, die uns locken, wir wollen den Salinen einen Besuch abstatten. Die geben dem umliegenden Naturschutzgebiet Ses Salines ihren Namen und haben schon seit dem Mittelalter große Bedeutung für die Insel. Bevor Ibiza touristisch erschlossen wurde, war Salz die wich-

EL BUCRNERO

tigste Einnahmequelle. Auch heute werden noch große Mengen des einst so kostbaren Weiß in alle Welt verkauft. Über eine lange Strecke führt die PM-802 direkt an den Salinen entlang und lässt den Blick weit über die riesigen Wasserflächen und die am Horizont weiß glitzernden Salzberge schweifen.

Bunter Kurven-Mix

Zurück auf der PM-801 umrunden wir den Flughafen, halten uns gen Westen und folgen direkt der Küste. Immer wieder tun sich im dichten Grün rechts und links der Straße große Lücken auf und geben den Blick frei auf das türkisfarbene Meer und verlockende Küstenabschnitte wie den

Pause an Ibizas zerklüfteter Küste.

Cala de Jondal, einen von schönen Pinien und hohen Klippen gesäumten Strand. Entspannt brummen wir mit dem Zweizylinder durch dichter werdende Pinienwälder. Macchia und Nadelbäume huschen an uns vorbei, die Straße ist recht leer, die Kurven sind ein gelungener Mix von knackig bis langgestreckt – so muss Cruisen sein.

Am Cap Llentrisca, der südwestlichen Ecke der Insel, führt eine staubige Piste bis weit hinaus auf die Spitze des Kaps. Nichts für uns, mit der ungewohnten Harley bleiben Kiki und ich heute lieber auf dem Asphalt, genießen die relaxte Fahrt durch den bergigen Süden Ibizas. Am Cap Blanc macht die Straße einen scharfen Knick, geradeaus führt der Asphalt direkt hinunter an den Strand Cala d'Hort. Ein schönes Eckchen mit einem netten Blick auf die vorgelagerten Felseninseln Illa Vedrà und Vedranell. Wir folgen vorerst den Schildern nach Sant Josep, kurz darauf geht es wieder in Richtung Küste nach Cala Vedella.

Hier folgt Bucht auf Bucht, mal felsig und oft auch mit kleinen sandigen Abschnitten. Vorbei an der Cala Moli schlängelt sich die Straße abwechselnd durch grüne Nadelwälder, kleine Siedlungen mit einladenden Bars und Restaurants und karge Küstenlandschaft.

Kirche San Antonio Abad in Sant Antoni de Portmany.

In der Bucht
Cala Benirrás.

Weißer Fels, grünes Buschwerk, tiefblaues Meer und der hellblaue Himmel bilden einen tollen Kontrast und mehr als einmal rollen wir fast direkt am Wasser aus, um einfach ein paar Minuten das Plätschern der Wellen zu genießen.

Mit einem großen Schlenker über den Cala Comte erreichen wir bald Sant Antoni de Portmany. Die größte Stadt im Westen Ibizas liegt in der gleichnamigen Bucht Bahia de Sant Antoni, die schon in römischer Zeit als Hafen genutzt wurde. Über viele

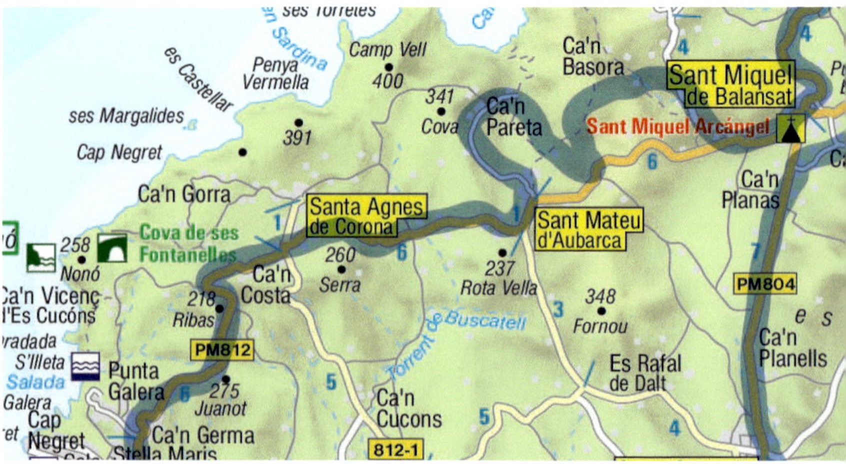

Jahrhunderte war der Ort ein kleines Fischerdorf, bis der zunehmende Tourismus auf Ibiza für gravierende Veränderungen sorgte.

Bekannt ist Sant Antoni de Portmany für seine legendären Sonnenuntergänge, aber leider noch mehr für seine unzähligen, vielstöckigen Hotelbauten. Die werden vor allem von jüngeren Urlaubern aus dem britischen Königreich frequentiert und die lassen es abends bei einer größeren Menge Bier ordentlich krachen. Es mag hier nette Ecken geben, uns sagt der Urlaubsort eher nicht zu und über die PM-812 verlassen wir Sant Antoni de Portmany gen Norden. Gut ausgebaut schlängelt die sich durch den nördlichen Gebirgszug. Große Teile der dünn besiedelten Nordküste Ibizas stehen unter Naturschutz. Touristische Infrastruktur gibt es im Gegensatz zum Süden kaum, die

AUTOREN-TIPP

IBIZA Nach Mallorca und Menorca ist sie mit rund 5000 Quadratkilometern Fläche die drittgrößte Insel der Balearen. Von Nord nach Süd misst die Insel etwa 77 Kilometer, von West nach Ost gut 96 Kilometer. Die kürzeste Entfernung zum spanischen Festland beträgt rund 90 Kilometer. Zum großen Teil ist Ibiza hügelig, mit 476 Metern Höhe ist der Sa Talaia die höchste Erhebung. Im Inneren der Insel gibt es auch einige größere Ebenen. Ibizas Küste ist zerklüftet und meist felsig, eine ganze Reihe Sandbuchten, die sogenannten Calas, laden zum Baden. Die Länge der Küstenlinie liegt bei etwa 210 Kilometern.

Mit rund 50 000 Einwohnern ist Ibiza-Stadt die Hauptstadt der Insel, Santa Eulària des Riu an der Südost-Küste folgt mit rund 37 000 und Sant Antoni de Portmany im Nordwesten mit 26 000 Einwohnern. Insgesamt wohnen rund 142.000 Einwohner auf Ibiza.

Die Hauptstraßen Ibizas sind meist in einem guten Zustand, Nebenstrecken fallen recht unterschiedlich aus. Ibiza ist recht überschaubar und lässt sich mit einer Tagestour erkunden. Das heißt aber nicht, dass man nicht auch mehrere Tage hier verbringen kann – vorausgesetzt, Motorradfahren ist nicht alles.

Küste des Nordens ist meist steil und unzugänglich. Entsprechend leer sind auch die Straßenabschnitte, auf denen wir hier unterwegs sind. Sonnenverbrannte Felder und Wiesen begleiten uns entlang der Landstraße bis nach Sant Miquel de Balansat. Der Ort besteht nur aus wenigen Häusern entlang der Hauptstraße und dem einen oder anderen Café. Hier heißt es rechts abbiegen, dem Schild nach Port de Sant Miquel folgen.

Schmugglerhöhle

Die kurvenreiche Straße führt in Richtung Küste. Hier geht es nicht nur an den kleinen Sandstrand bei Port de Sant Miquel, sondern auch zur Cova de Can Marçà. Die spektakuläre Tropfsteinhöhle war einst ein praktisches Versteck der ibizenkischen Schmuggler, die in dem verzweigten Höhlenlabyrinth ihre Schmuggelware lagerten. Die Höhlen sind täglich geöffnet und interessante Führungen informieren über die Geschichte und das Entstehen der unterirdischen Gewölbe. Wer im Sommer auf der Insel unterwegs ist, weiß außerdem die stets recht angenehmen Temperaturen in der Welt unter Tage zu schätzen, besonders in Motorradkleidung.

Kurvig und schattig geht es weg von der Küste. Durch dichten Wald führt uns die Straße erst ein Stück zurück in Richtung Süden, dann folgen wir bald der Ausschilderung nach Portinatx. Der kleine Ferienort ganz im

Norden der Insel etwa zur Halbzeit der Runde lädt zur erholsamen Pause und zum Relaxen. Die kleine sandige Badebucht ist umgeben von Felsen und einigen Restaurants. Auf einer der einladenden Terrassen strecken wir die Beine unter den Tisch, lassen es uns gutgehen und ordern den Bullit de Peix. Das ist ein typisch ibizenkischer Fischeintopf. Auch unter dem Namen Guisat de Peix bekannt, besteht er aus gemeinsam mit Kartoffeln gekochtem Fisch in einer leckeren Brühe mit Zwiebeln, Tomaten, Paprika und vor allem reichlich Knoblauch – einfach köstlich! Dass Kiki und ich uns als Nachtisch noch einen extrem leckeren Flaó, den berühmten Käsekuchen mit Anis und Minze, gönnen, wird hoffentlich keine gravierenden Auswirkungen auf die Federung der Harley haben.

Glasklar schimmert das Wasser bei Cala Llonga.

Nördliches Gebirge

Einen doppelten Café Solo – die spanische Variante des Espresso – und eine erholsame Pause später, schwingen wir uns wieder auf den Zweizylinder und nehmen die herrlichen, mit Kurven gespickten Waldstrecken des nördlichen Gebirges unter die fetten Reifen der Harley. Zwar ist das schwere

Die Kathedrale Santa María la Mayor in Ibiza-Stadt (linke Seite).

Eisen nicht unbedingt der Kurvenräuber schlechthin, aber es macht dennoch richtig Spaß, sich an die möglichen Schräglagen heranzutasten. Noch dazu bei diesen prima Strecken. Bei Sant Vicent de Sa Cala öffnet sich die Landschaft, die Kurven lassen wir zurück und es geht auf schnurgerader Linie in Richtung Küste. Ich drehe ordentlich am Gas, eine willkommene Abwechslung zum vorherigen Kurvenkampf.

Bei Punta Grossa und der Cala de Sant Vicent fahren wir den Abstecher zum schönen Sandstrand hinunter. Leider dominierte auch hier die Hotel-Bauwut und wie so oft auf Ibiza verschandelt ein mehrstöckiger Komplex die eigentlich ganz nette Bucht. Schade drum. Aussichtsreich führt die

An Cafés mit Aussicht mangelt es an der Küste nicht.

Das alte Fischerviertel Sa Penya vor Ibizas Sporthafen.

PM-810 uns weiter entlang der nordöstlichen Küste. Zwischen Cala de Sant Vicent und dem Platja des Figueral verläuft sie hoch über dem Meer und lässt immer wieder den Blick frei auf die in der Sonne glitzernde Wasserfläche. Hier ist schon etwas mehr los. Ist aber kein Problem, auch mit der Fat Boy habe ich schnell die vor sich hin bummelnden Touri-Mietwagen überholt.

Der einzige Fluss

Noch ein paar Kurven, dann wendet sich die PM-810 wieder ins Hinterland. Wir passieren Sant Carles de Peralta, gerade mal ein paar Häuser, und nehmen Kurs auf das Hafenstädtchen Santa Eulària des Riu. Hier mündet der einzige Fluss Ibizas ins Meer, der Riu de Santa Eulària. Besser gesagt: Er mündete. Der früher für die Bewässerung der regionalen Landwirtschaft so wichtige Wasserlauf, der auch eine große Zahl Mühlen antrieb, ist heute in den Sommermonaten komplett ausgetrocknet – dem Klimawandel sei Dank. Im Westen des Hafenstädtchens liegt der Puig de Missa mit der auf seinem Gipfel errichteten Wehr-

Zugbrücke in Dalt Vila, der Altstadt Ibizas.

Hoch über Ibizas Fährhafen.

kirche. Er ist nicht wirklich ein Berg, gerade mal 52 Meter über dem Meeresspiegel liegt sein Plateau, aber das ist immerhin genug, im dem Kirchenensemble eine über der Stadt thron-ende Lage zu bieten.

Direkt am Ende der Straße Passeig de s'Alamera parken wir die Harley. Kleine Verkaufsstände präsentieren hier im Schatten der Palmen regionale Handwerkskunst und die zahlreichen Cafés auf der Strandpromenade laden zum Verweilen. Hier liegt auch einer beiden Sandstrände Santa Eulàrias.

Highway-Feeling

Vorbei am Puig de Missa wenden wir uns nochmals dem Hinterland zu. In nördlicher Richtung steuern wir nach Sant Llorenc de Balafia, schließlich wollen wir noch Runde durch das Innere der Insel drehen. Rund um den Puig d'en Serra landen wir wieder auf der PM-804. Schnurgerade zieht sie sich durch die Landschaft, eigentlich wie gemacht für eine Harley. Wäre es nicht so grün rechts und links des Asphalts, wir würden uns wie auf einem amerikanischen Highway fühlen. Die entspannte Tour führt durch Olivenhaine, vorbei an kleinen Wäldchen und ab und zu auch durch das eine oder andere Dorf.

Wenige Kilometer vor Ibiza-Stadt biegen wir noch auf eine kurze Runde an die Küste ab. Hier lockt uns noch ein richtiger Pass in die bergige Landschaft. Zwar ist der Coll de Vila nur bescheidene 162 Meter hoch, aber wenigstens einen Pass auf der Insel wollen wir unter die Reifen genommen haben.

Mit den letzten Kilometern hinunter in die Inselhauptstadt schließt sich für uns dann die Runde. Für uns geht es zügig an den Hafen und zurück zu Toni, schließlich müssen wir unsere Harley noch abgeben. Und um acht Uhr legt die Fähre ab, zurück nach Mallorca. ◄

INFOS ZUR TOUR

CHARAKTERISTIK

Die Route ist ein Mix aus allen denkbaren Straßenzuständen. Im Großen und Ganzen lässt sich entspannt touren, nur einige wenige Streckenabschnitte auf den ganz kleinen Nebenstrecken erfordern besondere Aufmerksamkeit. Hier gleicht der Asphalt einem Flickenteppich und es kann bei Gegenverkehr schon mal recht eng werden.

PÄSSE DER TOUR

Ja, es gibt in der Tat auf dieser Tour einen Pass: Der 162 Meter hohe Coll de Vila führt von Santa Eulària des Riu nach Ibiza-Stadt. So wirklich als Pass erkennbar ist er jedoch eher nicht.

ÜBERNACHTUNG

Hotel Apartamentos El Puerto

Calle Carlos III 24, 07800 Ibiza-Stadt

Freundliches Hotel mit zahlreichen Zimmern und Apartments in sehr zentraler Lage direkt gegenüber des erwähnten Veranstalters US Motos Ibiza, gutes Frühstück, Sauna und Pool.

www.ibizaelpuerto.com

GPS 38.911690, 1.432907

Hotel Rural Can Partit

Camino de Talaia, 07828 Sta Agnés de Corona

Sehr gemütliche Finca mit schönen Zimmern, toller Außenanlage mit Terrasse und Pool, prima Frühstück und sehr freundlichem Team.

www.canpartit.com

GPS 39.038589, 1.336947

KOMBINATIONSMÖGLICHKEITEN

Kombinationsmöglichkeiten mit anderen Routen gibt es nicht. Wer noch ein paar Kilometer zusätzlich machen möchte, unternimmt noch ein paar Abstecher an die Küste oder steuert den Coll de Rossellons etwas östlich von Sant Agusti des Vedrà im westlichen teil der Insel an.

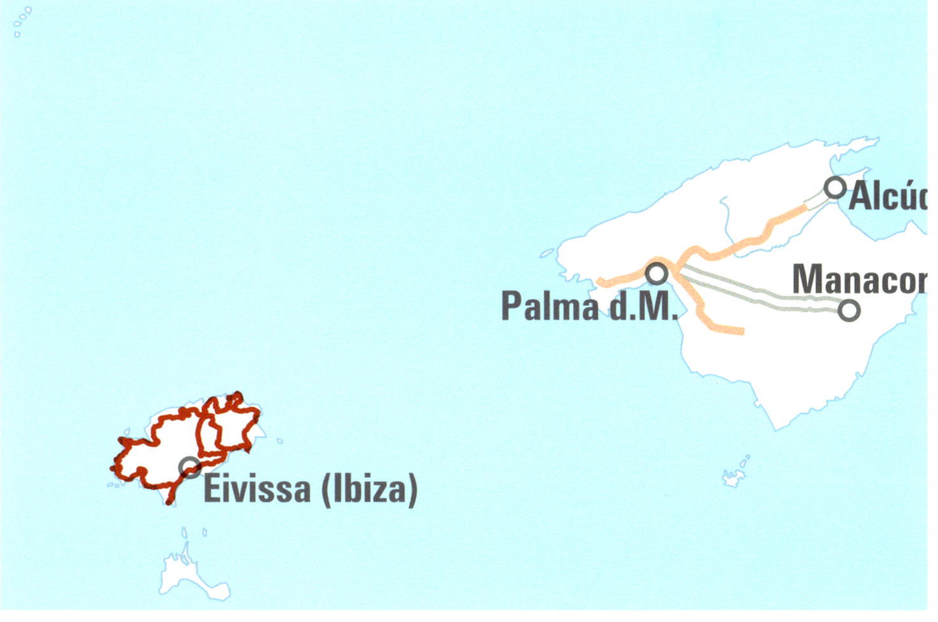

Bars und **Bodegas**

Nicht ohne Grund gehört Barcelona zu den drei meistbesuchten Städten Europas. Die faszinierende Hauptstadt Kataloniens lockt mit purer Abwechslung. Ob auf den Ramblas oder im Parc Güell, am Plaça de Catalunya oder an den Stränden und Promenaden von La Barceloneta –Barcelona ist eine echte Offenbarung. Das motorisierte Sightseeing macht viel Laune und auch in der näheren Umgebung der Hafenstadt gibt es reichlich lohnende Ziele.

Der Blick vom Olympiagelände auf Küste und Hafen ist einfach grandios.

TOUREN-STECKBRIEF

BASISORT

Barcelona (41.375724, 2.177731 Plaça Portal de la Pau)

STRECKENLÄNGE

Diese Tour ist eine reine Stadttour, alle Ziele liegen in einem Umkreis von acht Kilometer um den Plaça Portal de la Pau.

DAUER DER TOUR

In Anhängigkeit von den angefahrenen Zielen bis zu acht Stunden.

ROADBOOK

Plaça Portal de la Pau, La Rambla, Plaça de Catalunya, La Rambla, Plaça Portal de la Pau, Plaça de la Barceloneta, Platja de la Barceloneta, Avenida Diagonal, Park Güell, Mercat de la Boqueria, Barri Gòtic, Placa de Sant Josep Oriol.

HIGHLIGHTS

Barcelona ist voller Highlights. Auf einer großen Runde des motorisierten Sightseeings ist die Auswahl riesig. Uns haben folgende Ziele besonders gut gefallen:

Plaça de Catalunya, hier ist auch die Touristinfo (41.386923, 2.170086).

Die Ramblas (41.376507, 2.177155).

Der Strand von Barceloneta (41.377392, 2.191897).

Parc Güell (41.415201, 2.154907).

Der Berg Montjuïc mit dem gleichnamigen Castell und dem Olympia-Gelände (41.366199, 2.156106).

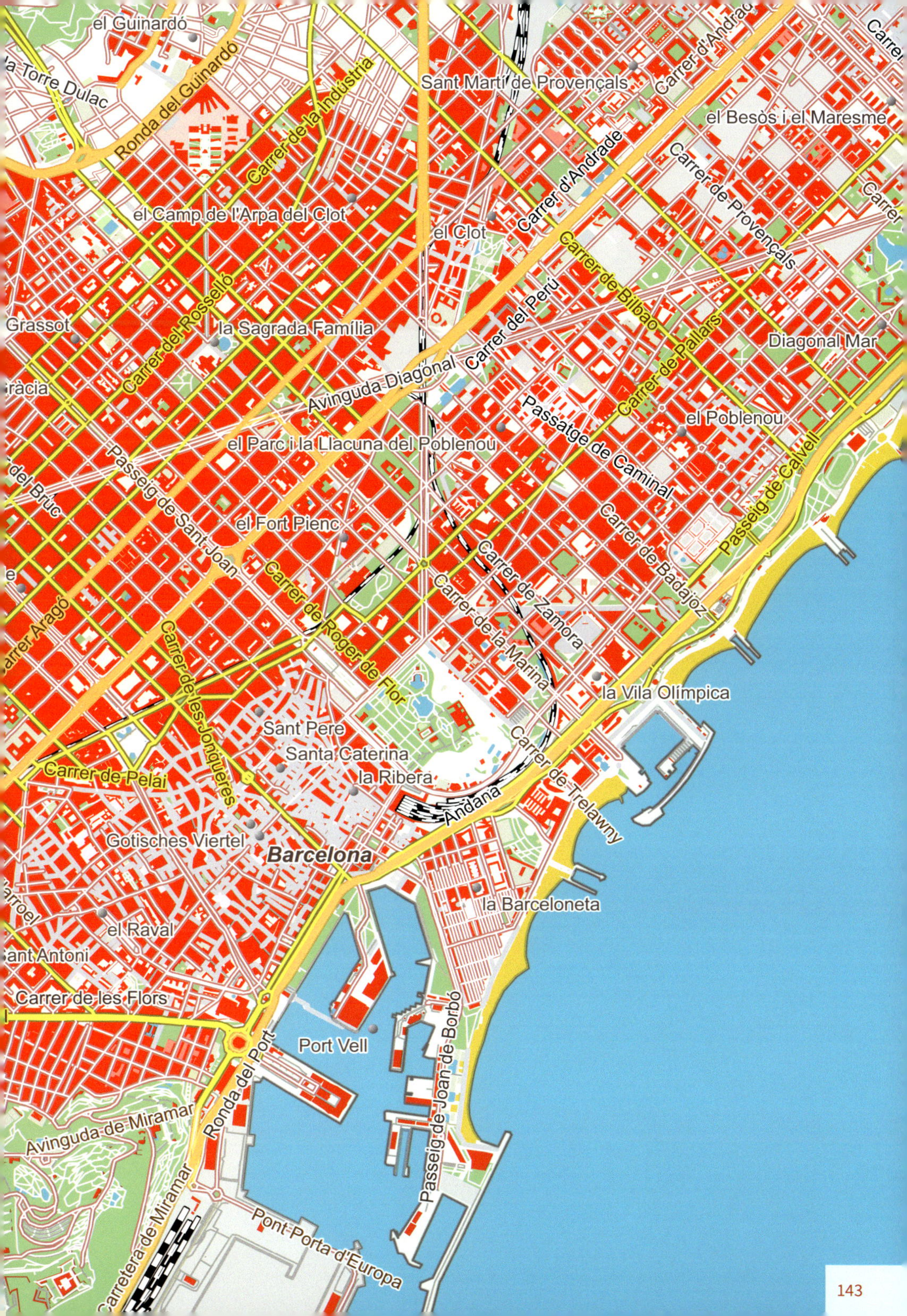
el Guinardó
Ronda del Guinardó
Carrer de la Indústria
Sant Martí de Provençals
el Besòs i el Maresme
Carrer d'Andrade
el Camp de l'Arpa del Clot
el Clot
Carrer de Provençals
Carrer de Bilbao
Carrer del Perú
Grassot
Carrer del Rosselló
la Sagrada Família
Diagonal Mar
Carrer de Pallars
Avinguda Diagonal
Passatge de Caminal
el Poblenou
el Parc i la Llacuna del Poblenou
Passeig de Sant Joan
Passeig de Calvell
del Bruc
el Fort Pienc
Carrer de Badajoz
Carrer de Zamora
Carrer de la Marina
Carrer de Roger de Flor
Carrer Aragó
Carrer de les Jonqueres
la Vila Olímpica
Sant Pere
Santa Caterina
Carrer de Pelai
la Ribera
Carrer de Trelawny
Andana
Gotisches Viertel
Barcelona
la Barceloneta
el Raval
Carrer de les Flors
Port Vell
Passeig de Joan de Borbó
Avinguda de Miramar
Ronda del Port
Carretera de Miramar
Pont Porta d'Europa

Es ist rot! Nicht orange, nicht grün, es ist rot, einfach nur rot. Dennoch – als stünde ein unsichtbarer Starter mit schwarzweiß karierter Flagge irgendwo versteckt zwischen den Blumenkübeln – schreien schlagartig die gequälten Zwei- und Viertakter auf, röhren fette Auspuffe dickleibiger Harleys los und die knatternden Röhrchen der unzähligen Roller kreischen um die Wette. Und es ist immer noch rot. Wie eine Flutwelle spült der Pulk motorisierter Zweiradfahrer in ganzer Breite in die Kreuzung. Alle, bis auf einen. Alle, bis auf mich. Ich warte auf Grün. Ein Fehler ganz offensichtlich. Denn auch mein Hintermann war gestartet und er schafft es unter wilden und unverständlichen Flüchen so eben noch in verwegener Schräglage um unser Motorrad herum.

Roy Lichtenstein Statue „Die Leiter der Barcelona“ (unten) und die bis heute unvollendete Basilika Sagrada Familia (rechts).

Nicht die eigene Ampel zählt. Nicht die, auf der mein Blick ruhte. Für den furiosen Start mitten hinein in den weiten Asphalt der Kreuzung gilt nur das Licht der kreuzenden Fußgänger. Springt das auf rot, ist der Weg frei. Und wehe, ein Unglücklicher weilt noch auf dem Überweg. Dann wird es eng, denn Sekundenbruchteile später spült die Welle aus Rollern, Mopeds, Motorrädern alles hinweg.

Teil des Schwarms

Immer weiter hinein in Barcelonas Stadtverkehr lassen wir uns treiben. Je mehr Kreuzungen wir passieren, umso forscher werde auch ich. Es ist schon ein komisches Gefühl, die roten Ampeln einfach zu ignorieren, aber mit zunehmender Übung fällt es mir immer leichter. Außerdem, was soll schon passieren? Ich presche ja nicht alleine vor, wir sind ja nur ein Teil des qualmenden Schwarms, der vorwärts stürmend an jeder Kreuzung durchstartet.

Geschätzt 40 Prozent aller Privatfahrzeuge in Barcelona sind mittlerweile einspurig, sagt die Stadtverwaltung – mit steigender Tendenz. Und

9087
FDJ
0999
FTG
5900
GTG

mit steigender Gefahr. Sicherheitskampagnen, Fahrkurse, vermehrte Kontrollen, damit kämpfen die städtischen Ordnungshüter gegen zweirädrigen Wildwuchs und ansteigende Unfallzahlen an. Ob es fruchtet wird man sehen.

Bei Columbus

Am Plaça Portal de la Pau direkt am Hafen klinken wir uns aus der Meute aus, rollen gleich am Taxistand auf den Fußweg und reihen uns ein in die schier endlose Reihe geparkter Zweiräder. Mit einer dicken Kette sichere ich die BMW. Das gibt zumindest ein sicheres Gefühl, denn auch die letzte Gurke ist hier irgendwie an eine Laterne gekettet oder wenigstens mit einem Bremsscheibenschloss gesichert.

Aus gut 60 Meter Höhe schaut mir Christoph Columbus über die Schulter, während ich den Tankrucksack umhänge und die Helme anschließe. Dem vermeintlichen Entdecker Amerikas haben die Katalanen hier mitten im Kreisverkehr ein mächtiges Denkmal errichtet. Cristoforo war zwar vermutlich gebürtiger Genuese, dennoch schlagen die Iberer ihren Cristóbal ganz gerne sich selber zu, schrieb er doch alle seine Aufzeichnungen in kastilisch und so ein berühmter Entdecker macht sich ja schließlich nicht schlecht in der Familie.

Der zentrale Hafen ist der größte Europas und ein beliebter Treffpunkt (oben).Die Kolumbussäule am Plaça Portal de la Pau (links).

Quer hinüber auf die andere Seite des Kreisverkehrs, dabei immer die Fußgängerampel gut im Blick, schlendern wir in Richtung der Ramblas. Einst nur ein ausgetrocknetes, staubiges Bachbett, sind die Ramblas heute der zentrale Treffpunkt in Barcelona, ein nicht versiegender Strom von Menschen, in den wir uns gerne einreihen.

Ein Ziel zu jeder Jahreszeit: die Ramblas.

Sehenswürdigkeiten? Fehlanzeige! Die Menschen sind das Sehenswerte, die Cafés, die Blumenstände. Hier blüht das Leben, man trifft sich, spricht, guckt, schlendert. Wir lassen uns treiben, schauen auf der Rambla de Santa Mònica den Straßenmalern zu, die sich in mal mehr, mal weniger gelungenen Porträts versuchen, lauschen ein paar Musikern, die katalanische Volkslieder klampfen.

Die Straßenkünstler lassen staunen.

Am meisten staunen Kiki und ich über die fantastischen lebenden Statuen. Wahre Kunstwerke, erschaffen aus Unmengen Stoff, Schminke, Farbe und anderen Materialien und natürlich einer riesigen Portion Fantasie. Fast könnte man Mitleid haben mit den Akteuren unter ihren schweren Gewändern und Kostümen. Aber die Ramblas ohne ihre Straßenkünstler, unvorstellbar.

Gewagtes Glücksspiel

Ganz anders die Hütchenspieler, verrucht, aber dennoch faszinierend. Fingerfertig lassen sie die Schächtelchen mit der Papierkugel kreisen. Eigentlich weiß es jeder, es kann nicht mit rechten Dingen zugehen. Und dann gewinnt mein Nebenmann doch ein paar Euro und motiviert damit prompt ein, zwei Zuschauer zu ihren Einsätzen. Schön dumm, außer der Bank gewinnt hier keiner und der von eben war garantiert der Bruder, Schwager, Onkel, oder wer weiß wer aus der Familie.

Gleich schräg gegenüber, wo die Rambla de Sant Josep beginnt, lockt Kiki und mich die Fassade des Mercat de la Boqueria, des zentralen Marktes. Durch den breiten Eingang tauchen wir ein in die lebhafte Welt des riesigen alten Gebäudes aus Glas und Stahl. Tausendundein Gerüche steigen in unsere Nasen: Der frische Duft praller, tiefroter Weintrauben und knallgelber Zitronen, das verlockende Aroma süßer Liköre, köstlicher Desserts und allerlei Backwerks. Dazwischen locken kandierte Früchte, herzhafte Käse und eine unüberschaubare Auswahl fangfrischen Fisches und Meeresfrüchte jeglicher Art. Wir werden herzlich bedient und decken uns reichlich fürs Picknick ein.

Der Flohmarkt am Hafen.

Plausch mit Einheimischen

Zurück bei Columbus kommen wir mit Manolo ins Gespräch. Er hat zwei Fahrzeuge, einen fast schrottreifen Roller für den großstädtischen Alltag

Barcelonas zentraler Markt: Mercat de la Boqueria.

Lebhafte Strandpromenade.

und eine „heiße“ Ducati für den Ausflug am Wochenende und die weiteren Strecken. Einige seiner Freunde würden das so machen, sagt er. Die „guten“ Motorräder seien für den Verkehr zu groß und so richtig vorwärts käme man damit zwischen den Autos auch nicht. Außerdem gingen damit zu viele Rückspiegel kaputt. Ob er damit seine eigenen meint oder die der Autos lässt er breit grinsend offen. Wo wir noch hin wollen, fragt der gebürtige Barcelonier und versorgt uns ob unserer Antwort gleich noch mit ein paar guten Tipps für den einen oder anderen Abstecher. Nicht der erste, den wir hier bekommen. Die Katalanen stehen hinter ihrem Land und wir haben nicht einen getroffen, der nicht gerne die Gäste daran teilhaben lassen möchte.

Am Plaça de Catalunya.

Im Gassengewirr

Entlang des mit Palmen bewachsenen Boulevards und der riesigen Yacht-häfen rollen wir nach Norden, hinein in das alte Hafenviertel. La Barceloneta, das kleine Barcelona, nennt sich das

Im alten Hafenviertel la Barceloneta.

Gewirr enger Gassen. Wir bräuchten nur die Hand auszustrecken, um das eine oder andere Kleidungsstück oder Laken von der Leine zu holen.

Halb über die Straße ragen urige Balkone, auf den Stufen so mancher Haustüre stehen Hausfrauen beim Schwätzchen und quer über die Straße tobt eine Schar Kinder lärmend dem Ball nach. Barceloneta ist der kleinste, aber gleichzeitig einer der am dichtesten besiedelten Teile der Hauptstadt Kataloniens.

Nur ein paar Meter weiter ist Sand, und davon jede Menge. Oben auf der Promenade lasse ich die BMW ausrollen. Ein paar Schritte, dann knirscht er unter unseren Sohlen. Wir lassen uns in den warmen Sand fallen, genießen die Sonnenstrahlen, atmen salzgeschwängerte Seeluft und lauschen entspannt dem regelmäßigen Rauschen der Wellen. Entspannung pur während hinter uns die Großstadt lebt.

Improvisierte Musikvorstellung am Strand.

Barcelonas Stadtstrand ist mehr als einladend.

Es gibt Dinge, die erleichtern das Leben ungemein. Ein GPS in einer spanischen Großstadt gehört mit Sicherheit dazu. Von unserem elektronischen Pfadfinder lassen wir uns quer durch Barcelona, von Ost nach West, von den Platjas zum Park Güell führen. Wieder spült uns der Verkehr über rote Ampeln, über verlockende Busspuren vorbei an den wartenden Autofahrern und im dichten Pulk durch die schmalen Lücken zwischen den Blechkisten hindurch.

Gemeinsam sind wir stark, quetschen uns nach vorne durch, um im entscheidenden Moment den Mitstreitern

Auch Barcelona hat seinen Triumphbogen. Er nennt sich Arc de Triomf.

Hop on, hop off-Tour ist eine witzige Alternative zum Zweirad.

wichtige Sekunden abzunehmen. Mir fehlt die Routine, habe dafür immer noch umso mehr Skrupel. Während ich auf der Avenida Diagonal, der wichtigsten Hauptstraße, noch rechts und links gucke bevor ich Gas gebe, haben mich die ersten Scooterfahrer schon um Längen geschlagen. Gutes Mittelfeld, mehr ist nicht drin. Vielleicht fehlt mir ja auch nur der nötige Ehrgeiz.

Eine Sackgasse

„Rechts abbiegen!“ Wo denn? Im letzten Moment entdecke ich die Einfahrt in eine schmale Gasse. Im Leben wäre ich hier nicht abgebogen. Ich ignoriere alle Schilder, folge dem Display. Wieder abbiegen, noch enger. Mit dem Auto wäre spätestens jetzt Schicht. Mit dem Mopped jetzt eigentlich auch.

Das ist eine Sackgasse, am Ende ein paar Poller. Und wieder zögere ich und werde nur Zweiter. Der Rollerfahrer hinter mir dreht auf, geht vorbei, schießt zwischen den Pfeilern hindurch und entschwindet schnel-

Der Park Güell ist eines von Gaudís Meisterwerken und stammt aus dem Jahr von 1914.

Blick vom Eingangsportal des Park Güell über die Stadt.

Die Gassen in Barcelona wirken im Dunkeln noch uriger.

ler unserem Blick, als ich den Pfeiler umrunden kann. „Noch 200 Meter" verkündet das Navi ungerührt, kurz bevor wir auf dem Busparkplatz des Park Güell stoppen.

Gut hundert Jahre ist es her, da beauftragte der steinreiche Industrielle Eusebi Güell den katalanischen Architekten Antoni Gaudí mit der Planung eines neuen Wohnviertels außerhalb des Zentrums Barcelonas. 60 Häuser inmitten eines riesigen Parkgeländes sollten es werden. Doch die Interessenten blieben aus. Zwar entstanden Park und vielleicht fünf oder sechs Häuser, aber das war es dann auch schon mit der Pracht. Zum Glück, kann man heute sagen.

Im Märchenland

Der 15 Hektar große, urig gestaltete Park wirkt wie eine Märchenlandschaft auf uns. Vorbei an skurrilen Häuschen, die wie Tiere oder Pilze wirken, über kunstvoll geschwungene Treppen und schattige Wege steigen Kiki und ich hinein in die großartige Welt des Künstlers Gaudí, in dessen Zentrum ein Wald von Säulen das Dach des als Marktplatz geplanten Sala Hipóstila trägt. Oben auf dem

Barri Gotic nennt sich das Gotische Viertel.

Das Casa Milà wurde ebenfalls von Gaudí entworfen.

Dach relaxen wir in den berühmten wellenförmig geschwungenen und mit buntem Mosaik versehenen Bänken. Barcelona liegt uns hier zu Füßen, der Blick über die Stadt ist einmalig.

Der Parc Güell ist der richtige Platz, die Zeit zu vergessen. Stundenlang könnten wir einfach nur über Barcelona schauen, zwischen Kunstwerken schwelgen und den staunenden Menschen zusehen, aber den Abend wollen wir unten in der Stadt, in einem der ältesten Viertel verbringen. Durch die langsam dunkler werdende Metropole düsen wir wieder in Richtung Hafen, trudeln bald wieder an den Ramblas ein.

Rathaus Casa de la Ciutat.

Gotisches Viertel

In langer Reihe stehen hier die Zweiräder am Straßenrand geparkt. In Höhe des Mercat de la Boqueria finden wir eine Lücke, parken die BMW und gehen zu Fuß die letzten Meter hinein ins Barri Gòtic, ins Gotische Viertel. Uralte Gemäuer, stattliche Kirchen, dazwischen ein wahres Labyrinth schmaler und schmalster Gässchen, unterbrochen von gepflasterten Plätzen – es würde uns nicht wundern, wenn wir hier einem mittelalterlichen Nachtwächter oder einer in Eisen gerüsteten Ritterschar begegneten.

Auf halbem Weg zwischen den Ramblas und der mächtigen Kathedrale liegt unter schattigen Laubbäumen verborgen, umgeben von alten Häuserfassaden mit den so typischen kleinen Balkonen, einer der zahlreichen schönen Plätze Barcelonas, der Placa de Sant Josep Oriol I. Direkt an seinem Rand das Hostal Jardi. Um hier ein Zimmer zu bekommen, vielleicht sogar eines der heiß begehrten mit Balkon, gilt es frühzeitig zu buchen. Die Lage ist perfekt. Wir machen die Tür auf und sind mittendrin im Viertel.

Bars und Pinten

Klar, dass wir das am Abend ausnutzen. Ohne festes Ziel erkunden wir die verwinkelten Ecken und Gassen, schauen in den einen oder anderen der kleinen einladenden Läden. Gut, dass unsere Transportkapazität auf dem Mopped schwer eingeschränkt ist, sonst würde wahrscheinlich doch so manches Teil aus dem Schaufenster den Weg zu uns nach Hause finden. Vielleicht so ein kleines Möbelstück, irgendeine Antiquität oder eines der ansprechenden Bilder. Nicht wirklich unbedingt wertvoll, aber eben einfach schön.

Einladend sind auch die offen stehenden Türen der Bars und Pinten im Barri Gòtic. Alle paar Meter stoßen wir darauf, wohl nirgends ist die Dichte an Restaurants und Bars so hoch wie hier in der Altstadt. Die Auswahl ist simpel. Eintreten und umschauen. Sieht der Laden sympathisch aus, bleiben wir. Ganz in der Nähe der Kathedrale entern Kiki und ich eine Tapas-Bar.

Tapa, dass ist in Spanien das Zauberwort gegen Hunger. Bestellst Du ein Bier oder einen Wein, bekommst du Tapas dazu. Die Variationen sind unüberschaubar und jede Bar hat ihr eigenes Portfolio an Leckereien. Wir bekommen gebratene Kartoffelstück-

Leuchtender Bürokomplex Torre Glòries an der Avinguda Diagonal.

AUTOREN-TIPP

DER HAFEN BARCELONAS Das Tor zu Mallorca: Barcelonas Hafen ist einer größten Mittelmeer-Häfen Europas, er ist in mehrere Bereiche aufgeteilt. Das klingt kompliziert, ist es aber eigentlich gar nicht. Denn wer mit der Fähre übersetzen möchte, fährt fast immer ganz in der Nähe des Stadtzentrums ab. Die Fähranleger sind leicht zu finden (**GPS** 41.373660, 2.176712). In der katalanischen Hauptstadt starten unter anderem die Fähren nach Palma auf Mallorca, nach Genua, nach Ibiza und nach Tanger in Marokko.

Mallorca wird aktuell von zwei Fährgesellschaften angefahren, von Balearia und Transmediterranea. Balearia fährt bis zu sieben mal wöchentlich nach Palma, Trasmediterranea bis zu elf mal, die Überfahrten dauern in der Regel 7,5 Stunden. Sehr angenehm sind die Nachtfähren. Abends einchecken, lecker essen an Bord, ruhiger Schlaf in der Kabine und am Morgen kommt man ausgeruht auf der Sonneninsel an. Möglich ist auch die Abfahrt am Vormittag, dann kommt man abends auf Mallorca an und erreicht noch die Unterkunft.

Beim Buchen der Fähre (zum Beispiel über das Portal **www.directferries.com**) sollte man gut vergleichen, die Preise fallen je nach Datum und Zeit recht unterschiedlich aus. Eine Fahrt hin und zurück, Barcelona – Palma, mit zwei Personen und einem Motorrad kostet in der Regel um die 200 Euro.

chen in einer köstlich-scharfen Knoblauchsoße – beim ersten Bier. Beim zweiten sind es Oliven mit einem Scheibchen Serrano-Schinken. Es fällt uns nicht schwer, uns mit diesem System anzufreunden. Muscheln, Fisch, Tomaten mit Olivenöl, kleine Tortillas, der Fantasie sind keine Grenzen gesetzt.

Ein paar Türen weiter landen wir an der Theke eines wahren Rotwein-Paradieses. Katalanische Weine, vom mediterranen Klima gehätschelt, sind sehr geschmackvoll und der passende Korken wächst gleich nebenan. Der Wirt versucht sogleich die Eigenarten seiner edlen Tropfen zu erklären. Leider reichen weder seine Englisch– noch unsere Katalanischkenntnisse für ein Weinseminar. Er lässt uns einfach mal kosten und dank seiner und der Empfehlung unseres Nebenmannes klappt‘s dann auch mit dem Rotwein. Es klappt dann auch mit mehreren Rotweinen und entsprechend wird der Abend etwas länger. Mit Katalanisch lernen hat es dann allerdings nicht mehr geklappt. ◄

Kurze Pause unter Palmen.

INFOS ZUR TOUR

CHARAKTERISTIK

Diese Tour ist keine Motorradtour im eigentlichen Sinne. Hier geht es um das motorisierte Sightseeing in Barcelona. Das Touren durch die Stadt macht mächtig Laune, es gibt reichlich spannende Ziele und es lässt sich entspannt durch die Stadt cruisen. Da man als Motorrad-Tourist nicht unter Zeitdruck steht, kann man sich auch einfach mal durch die Stadt treiben lassen. Dabei lassen sich tolle Entdeckungen machen. Parkplätze für kleine fußläufige Abstecher finden sich immer.

ÜBERNACHTUNG

Hotel el Jardi

Plaça Sant Josep Oriol 1, 08002 Barcelona
Uriges historisches Hotel mit sehr freundlichem Team in absolut zentraler Lage. 40 nette Zimmer, ansprechende Atmosphäre.
www.eljardi.com
GPS 41.382562, 2.174046

Hotel Jazz

Carrer de Pelai 3, 08001 Barcelona
Ebenfalls sehr zentral gelegen, Pool und Sonnenterrasse befinden sich auf dem Dach im achten Stock, moderne, ansprechende Zimmer, prima Frühstück.
www.hoteljazz.com
GPS 41.385835, 2.165825

Campin Platja Vilanova

Carrer Xarxes Straße C-246a bei KM 48, 8800 Vilanova i la Geltrú
Ansprechender Campingplatz, von dem sich Barcelona, aber auch das schöne Hinterland schnell erreichen lassen. Gute Ausstattung, freundliches Personal.
www.campingplatjavilanova.com
GPS 41.207802, 1.686917

KOMBINATIONSMÖGLICHKEITEN

Natürlich lässt sich diese Städtetour perfekt mit der Tour rund um Barcelona kombinieren. Wer nur einfach ein paar Kilometer anhängen möchte, der hält sich gen Süden entlang der Küste nach Sitges oder fährt in das Hinterland in die Serra de Montserrat hinein.

Die Berge rufen

Diese abwechslungsreiche Tour durch den gebirgigen Norden Kataloniens ist mehr als nur eine Warteschleife für Mallorca-Urlauber, die auf ihre Fähre warten. Über einen schönen Abschnitt der Costa Brava geht es auf Traumstraßen mitten hinein in die Bergwelt der Vor-Pyrenäen – ein fahrerischer Traum.

Zwischen Montserrat und Berga locken urige Bergstraßen.

Serra de Cadí
Parc Natural del Cadí-Moixeró
Serra del Boumort
Organyà
Serra de Port del Comte
BERGA
Tremp
Solsona
Cardona
Artesa de Segre
Ponts
Súria
Agramunt
Guissona
BALAGUER
MANRESA
Calaf
Cervera
TÀRREGA
Mollerussa
Bellpuig d'Urgell
IGUALADA
Sant Maure
Vilanova del Camí
Esparreguera
Capellades
Les Borges Blanques
Santa Coloma de Queralt
Sant Sadurní d'Anoia
Montblanc
VILAFRANCA del Penedès
Valls
EL VENDRELL
Sitges
VILANOVA I LA GELTRÚ
Prades
Montanyes de Prades
REUS
Constantí
Torredembarra
Vila-seca de Solcina
TARRAGONA
Cunit
Calafell
Costa Daurada

TOUREN-STECKBRIEF

BASISORT
Barcelona (41.376328, 2.177558)

STRECKENLÄNGE
ca. 410 km

DAUER DER TOUR
9 Stunden

ROADBOOK
Barcelona, Arenys de Mar, Sant Feliu de Guixols, Gerona, Banyoles, Olot, Ripoll, Berga, Grau de la Granta, Solsona, Cardona, Manresa, Montserrat, Terrassa, Barcelona.

HIGHLIGHTS
Die kurvenreiche Bergstrecke zu Füßen der Serra de Cadi über den Coll de Jou ist ein echter Motorrad-Traum (42.138569, 1.539373 Coll de Jou).

Die Auffahrt auf den Klosterberg Montserrat ist ebenso beeindruckend wie das spektakulär in die Felsen eingebettete Kloster (41.600567, 1.835169)

Es ist noch früh, als Kiki und ich aufs Motorrad klettern. Das leckere Frühstück im Hotel mitten in Barcelona liegt hinter uns und bevor wir heute Abend mit der Fähre hinüber auf die Sonneninsel Mallorca in See stechen, wollen wir den Tag nutzen und noch ein wenig Katalonien erkunden. Das fällt nicht schwer, gibt es doch gleich in der Region rund um Barcelonas einladende Moppedstrecken, die zu abwechslungsreichen Touren einladen.

Wenig später verlassen wir die katalanische Hauptstadt entlang der Küste in Richtung Norden. Der Weg ist schnell zu finden – aufs Mittelmeer zu und dann einfach immer in Sichtweite des Wassers. Schon bald sind wir aus Barcelona hinaus, der Verkehr wird schwächer und spätestens ab Mataró biegt der restliche Verkehr auf die parallel verlaufende Autobahn ab, während wir uns auf der küstennahen N11 den schönen Aussichten auf die Costa de Maresme hingeben.

Costa de Maresme

So nennt sich der etwa 50 Kilometer lange Küstenabschnitt zwischen der Costa Dorada im Süden und der wohlbekannten Costa Brava, die nördlich anschließt. Auf dem breiten, sandigen Küstenstreifen geht es direkt an den

herrlichen Stränden entlang. Einladend rauschen die Wellen, nur schwer widerstehen wir einem Sprung ins Nass.

Hinter dem großen Jachthafen von Port Balis ist es erst mal vorbei mit der Aussicht. Einige Häuser schieben sich zwischen die N11 und der Küste. Aber nur kurz, denn bis Arenys de Mar gibt es wieder reichlich Lücken fürs Meerespanorama. Arenys ist das Zentrum der Costa de Maresme, hat aber außer einem schönen Strand, einem großen Jachthafen, ein paar Campingplätzen und ein paar Cafés nicht so viel zu bieten. Gen Norden geht es an der Küste weiter, Sandstrand folgt auf Sandstrand. Bademöglichkeiten gibt es hier reichlich und wer ein wenig hinausfährt aus den Orten, findet hier sogar ruhigere Strandabschnitte ohne den üblichen Trubel.

Bildschöne Küstenstraße nördlich von Barcelona.

Kataloniens markante Flagge im Wind.

An der Küste

Bei Malgrat de Mar wendet sich die N11 von der Küste ab. Für uns heißt das rechts abbiegen, wir wollen weiter dem Verlauf der Küste folgen. Auf der GI-682 rollen wir entlang der riesigen Campingplätze bei Blanes und fahren in den Ort hinein. Ruhe und Beschau-

AUTOREN-TIPP

BURRO STATT TORO Dass die Katalanen anders sein wollen als der Rest Spaniens, ist eine Binsenwahrheit. Nicht zuletzt zeigt sich das an einem stets wiederkehrenden Symbol. Prangte früher an fast jedem spanischen Auto ein Stier, läuft eben diesem im Nordosten der Iberischen Halbinsel ein anderes Tier den Rang ab.

Ursprünglich als Werbelogo des Sherry-Produzenten Osborne geboren, galt die pechschwarze Stier-Silhouette schnell als Symbol für die Stärke Spaniens. Eben diese Stärke des spanischen Zentralismus ist den Katalanen schon lange ein Dorn im Auge – heute mehr denn je. Immer mehr Katalanen ersetzen daher heute den Stier durch einen Esel und demonstrieren damit ihre Eigenständigkeit. Nicht nur auf Autokarosserien und Motorrädern, auch auf den T-Shirts, die auf Barcelonas Ramblas verkauft werden, setzt sich der Esel durch. Aber nicht etwa irgendein Esel, sondern der vom Aussterben bedrohte Katalanische Riesenesel ist es, der den starken Stier vom Thron stürzen soll. Einst in alle Welt exportiert, gibt es nach aktuellen Schätzungen nur noch 150 reinrassige Esel dieser lebhaften Rasse. „Burro statt Toro" heißt die ironische Antwort Kataloniens auf spanische Kraftmeierei.

lichkeit sind anders, aber dennoch mögen wir diese quirlige Ecke. Rechter Hand liegt ein Café nach dem anderen und bald erreichen wir den riesigen Freizeithafen. Dahinter windet sich die Küstenstraße hoch hinauf, gibt den Blick auf Meer und Felsen frei und entlässt uns in Richtung Lloret de Mar. Kaum zu glauben, aber die folgenden Kilometer bis zur Touri-Hochburg Tossa de Mar und weiter nach Sant Feliu de Guixols haben durchaus ihren Reiz. Hier warten ein paar knackige Kurvenkombinationen und einige reizvolle Aussichtspunkte.

Vier-Flüsse-Stadt

Zügig bringen wir die folgenden gut 30 Kilometer nach Gerona hinter uns. Wer mag, macht einen Abstecher in die „Vier-Flüsse-Stadt". Gerona hat viel zu bieten. Die historische Altstadt mit

Spaß an der Küstenstraße.

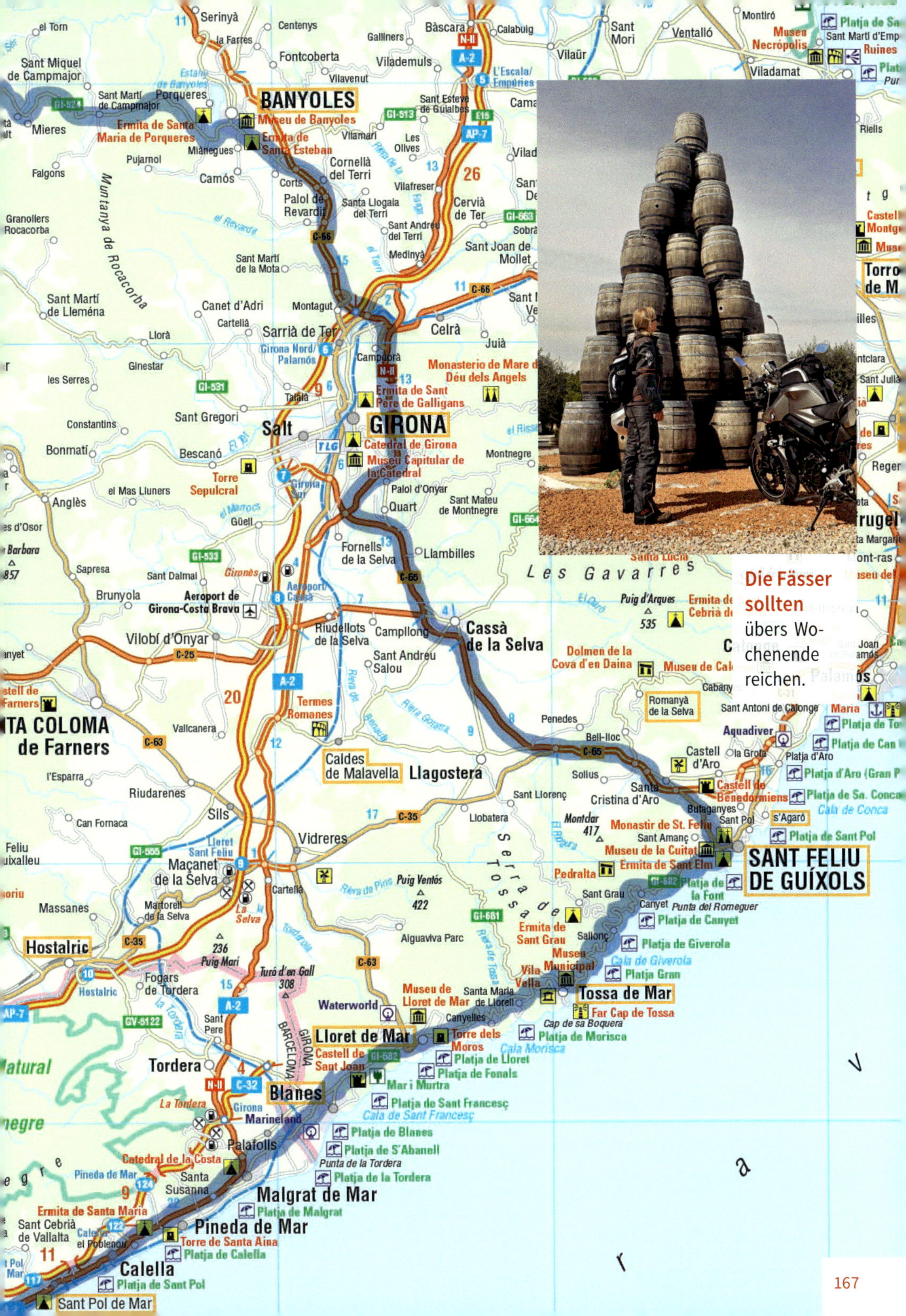

Die Fässer sollten übers Wochenende reichen.

ihren vielen historischen Bauten, die Stadtmauern und die Kathedrale ist immer einen Besuch wert.

Viele interessante Läden warten darauf, in den schmalen Gassen des Zentrums entdeckt zu werden und die große Auswahl lässt keine kulinarischen Wünsche offen. Uns steht allerdings mehr der Sinn nach Motorradfahren und so nehmen wir Kurs auf Banyoles. Das nette Städtchen, das ebenfalls über eine reizvolle Altstadt verfügt, ist vor allem als Ruder- und Wassersportmetropole bekannt. Auf dem See Estany de Banyoles wurde nicht nur die Olympische Regatta von 1992 ausgetragen, auch Ruder-Weltmeisterschaften und andere Wettbewerbe sind

Historische Gemäuer zwischen Montserrat und Berga.

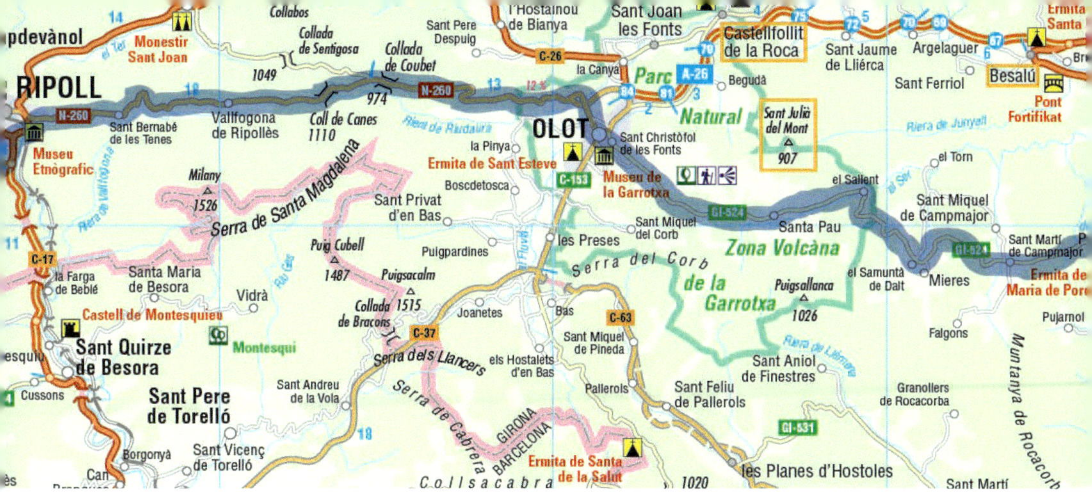

hier zu Gast. Für uns ist Banyoles vor allem der Ausgangspunkt in das herrliche, grüne und bergige Hinterland der Costa Brava.

Vorland der Pyrenäen

Kurvenreich führt die GI-524 durch das abwechslungsreiche Vorland der Pyrenäen. Vorbei an idyllischen spanischen Bergdörfern und einsamen Weilern geht es gerade mal 20 Kilometer südlich der Grenze nach Frankreich durch das Bergland. In 1010 Metern Höhe überqueren wir etwas westlich von Olot den Coll de Coubet und nur wenige Meter weiter geht es 1120 Meter hoch über den Coll de Canes.

Hier führt jährlich das Radrennen Marxa Cicloturista Terra de Remences entlang und entsprechend dicht ist auch heute das Aufkommen der Radsportler. Ist aber kein Problem, dafür ist die allgemeine Verkehrsdichte auf dieser Route ziemlich gering und Zweiradfahrer sollten schließlich zusammenhalten. Die N-260 macht hier richtig Laune. Kurve folgt auf Kurve, es geht durch einsames Bergland. Der Asphalt ist griffig, so macht das Spaß. In Ripoll nutzen wir die Gelegenheit und

In der Serra de Santa Magdalena (oben und unten).

Bei Montserrat ragen abenteuerliche Felsformationen in den Himmel (oben und unten).

besorgen uns im gut sortierten Dorfladen alle Zutaten für ein leckeres Picknick. Frisches Brot und Tomaten, eine der regionalen Käse-Spezialitäten und ein Stückchen würzige Wurst wandern in unsere Taschen. Unzählige Kurven, Kehren und Schleifen später rollen wir am großen Stausee Pantà de la Baélls direkt vor den Toren Bergas aus und genießen am Ufer des Sees unser Mittagesssen. Einen muntermachenden Kaffee gibt's anschließend im Zentrum von Berga, hier ist die Auswahl an Straßencafés groß.

Markantes Tal

Die folgenden 60 bis 70 Kilometer gehören zu den schönsten Strecken, die der Norden Kataloniens weit und breit aufzubieten hat. Gleich südlich der bis zu 2 650 Meter hohen Serra de Cadi führt ein perfekter Kurvenreigen in westlicher Richtung. Grandiose Panoramen wechseln sich mit knackigen Kehren ab, mittig der fantastischen Strecke liegt der Stausee Pantà de la Llosa. Gleich dahinter steigen die Serpentinen auf den 1480 Meter hohen Coll de Jou empor – einfach

Haus am Hang im Hinterland der Costa de Maresme.

ein Gedicht. Das markante Tal Grau de la Granta markiert den westlichsten Punkt dieser Schleife und via der C-26 und C-55 geht es über Solsona und Cardona in Richtung Manresa. Auf dieser Strecke liegen einige sehr schöne Campingplätze und wer genug Zeit und Lust hat, kann hier durch-

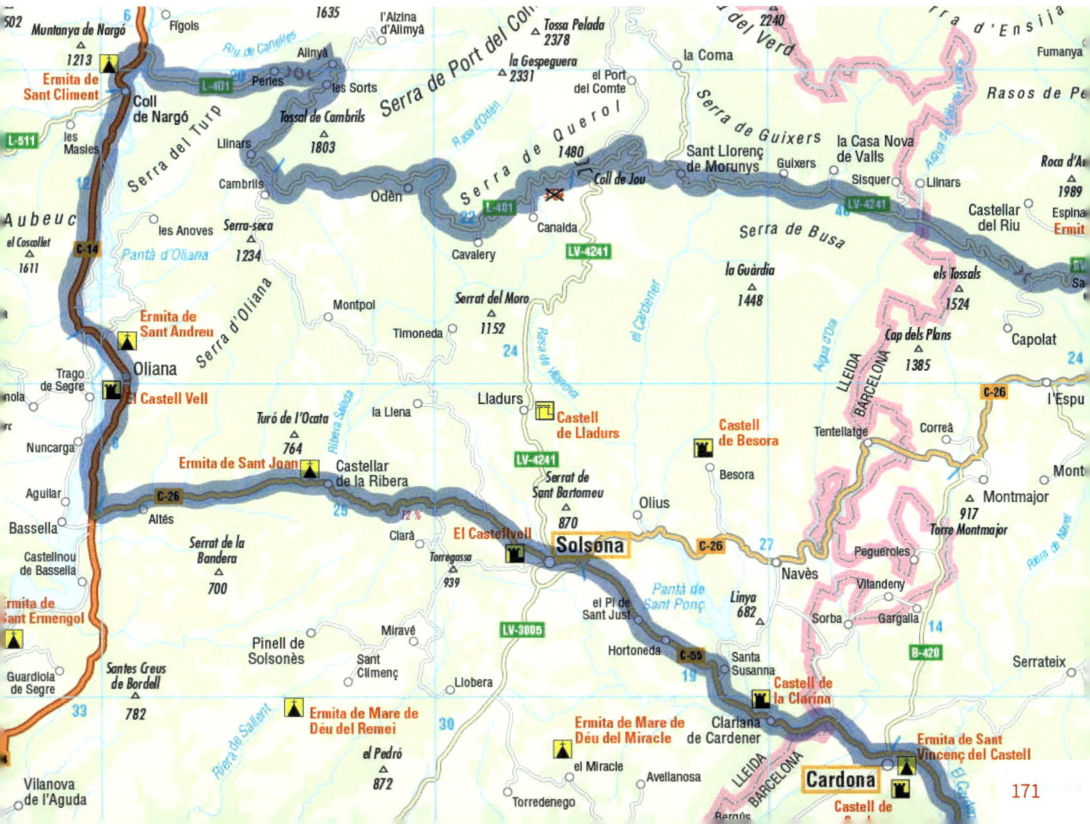

Flug durch die Landschaft zwischen Reus und Valls.

aus für einige Tage sein Basislager aufschlagen. Langweilig wird diese spannende Region garantiert nie. Der nahe Pyrenäen-Hauptkamm lockt ebenso zu größeren Touren wie die grandiose Serra del Cadi oder die herausfordernden Bergstrecken rund um Andorra oder das westlich liegende Maladeta-Massiv.

Manresa gehört für uns zu den schönsten Städtchen Kataloniens. Rund 70 Kilometer von Barcelona entfernt zwischen den beiden Flüssen Llobregat und Cardener liegend und von den Römern gegründet, weist die Universitätstadt zahlreiche mittelalterliche Gebäude und Ensemble auf. Mehrere Kirchen und beeindruck-

Bezaubernde Abendstimmung in Sitges.

Gibt's nur hier: den katalanischen Riesenesel.

Kurven und Kakteen zwischen Reus und Valls.

ende Bürgerhäuser, die Basilika Santa Maria de la Seu, die römische Brücke Pont Vell, der imposante Komplex um die Cova de Sant Ignasi . Die Liste der Sehenswürdigkeiten ist scheinbar unendlich und im historischen Zentrum lässt sich unter Arkaden bestens erholen und auf Entdeckungstour gehen.

Wann immer wir bei Barcelona weilen, ein Abstecher nach Manresa gehört für uns einfach dazu.

Der höchste Gipfel

Ganz in der Nähe von Manresa, nur wenige Kilometer südlich, liegt eines der Wahrzeichen, wenn nicht das bedeutendste Wahrzeichen Kataloniens – der Berg Montserrat. 1238 Meter ragt sein höchster Gipfel, der Sant Jeroni in den Himmel. Er gilt nicht nur als Wanderparadies und Naherholungsgebiet für den Raum Barcelona, er hat auch eine große spirituelle Bedeutung. Zu Füßen des Gipfels liegt seit knapp 1000 Jahren das Bene-

Coole Graffitis in Reus.

Netzwerken an der Küste.

diktinerkloster Santa Maria de Montserrat. Der mächtige und beeindruckende Gebäudekomplex liegt spektakulär inmitten steiler Felswände und ist über eine gewundene, kurvenreiche Straße zu erreichen. Die Fahrt auf den Berg empfiehlt sich nicht nur der grandiosen Aussichten wegen. Das Kloster selber ist als bedeutendes Zentrum der katalanischen Kultur auch unbedingt einen Besuch wert.

Mit der nicht weniger spektakulären Abfahrt hinab vom Klosterberg geht es wieder in Richtung Barcelona. Zügig folgen wir der Beschilderung in Richtung der katalanischen Hauptstadt und über ein paar schnelle Kilometer auf der Autobahn erreichen wir bald wieder das Zentrum. Ein Blick auf die Uhr verrät, dass wir uns jetzt doch besser in Richtung Hafen machen sollten, die Fähre nach Mallorca wird nicht auf uns warten.

Ab auf die Fähre

Wer im Gegensatz zu uns noch etwas Zeit mitbringt und keine Angst haben muss die Fähre zu verpassen, der kann einfach noch ein paar richtig spannende Kilometer anhängen. Südlich von Barcelona geht es über Sitges und Vilanova i la Geltrú nach Reus. Von dort führt eine abwechslungsreiche Schleife durch die über eintausend Meter hohen Berge des Hinterlands und um die Serra de Roquerole herum – ein traumhaftes Kurvenrevier. Aber Vorsicht, die kurvenreichen Strecken haben ein hohes Suchtpotential und wer weiß, nachher wird es doch zu spät für die Fähre. ◄

Im reizvollen Hinterland Barcelonas.

INFOS ZUR TOUR

CHARAKTERISTIK

Abwechslung wird groß geschrieben auf dieser Tour im Norden Kataloniens. In Barcelona geht es los, die Tücken des Stadtverkehrs liegen jedoch schnell hinter uns und entspannt geht es entlang der Mittelmeerküste mit ihren fantastischen Sandstränden. Bald entwickelt sich die Route zur spannenden Bergtour und es warten kurvenreiche, anspruchsvolle und aussichtsreiche Kilometer auf den Motorradreisenden. Wer am Nachmittag zurück sein muss, um die Fähre zu bekommen, sollte die Zeit im Auge behalten.

PÄSSE DER TOUR

Im Pyrenäen-Vorland geht es in 1010 Metern Höhe über den Coll de Coubet und nur wenige Meter weiter 1 120 Meter hoch über den Coll de Canes. Gleich südlich der Serra de Cadi führt am Stausee Pantà de la Llosa der 1480 Meter hohe Coll de Jou über den Bergrücken.

ÜBERNACHTUNG

Hotel Abat Cisneros Montserrat
Monasterio de Montserrat, Plaza del Monasterio, 08199 Montserrat
Ausgezeichnete Lage direkt am Kloster Montserrat, die aber auch ihren Preis hat. Sehr gutes Essen, reichhaltiges Frühstück, nettes Personal.
www.montserrat-tourist-guide.com
GPS 41.593017, 1.836198

Hotel Sallés Ciutat del Prat
Avenida Remolar 46, 08820 El Prat de Llobregat
Direkt an Barcelonas Stadtgrenze, komfortable Zimmer, freundliches Personal, gutes Restaurant, Tiefgarage fürs Mopped, sher gutes Frühstück
www.hotelciutatdelprat.com
GPS 41.325155, 2.087344

Hotel Ibis Barcelona
Carrer de la Ciutat de Granada 99, 08018 Barcelona
Ibis-Standard, modern und sehr sauber, freundliches Team, ideal für den Städtetrip, sehr gutes Frühstück.
www.ibis.com
GPS 41.401140, 2.194401

KOMBINATIONSMÖGLICHKEITEN

Die Katalonien-Tour lässt sich natürlich mit dem Stadt-Ausflug durch Barcelona in Tour 8 verbinden. Wer noch einige Kilometer hinzufügen möchte und Zeit hat, hängt die Schleife wie im Text beschrieben an. Das wird dann jedoch ein richtige Mammut-Tour.

Mallorquin **Bikes**

Der perfekte Service für ganz besondere Motorradfahrer: Vom Motorrad über die Ausstattung bis zur Kleidung und Beratung – bei Mallorquin-Bikes stimmt einfach alles.

Freunde und Helfer: Anke und Johannes Pfaff.

Motorradfahren auf der „schönsten Insel der Welt" – das ist der Traum von Johannes und Anke Pfaff. „Unsere Begeisterung für Mallorca und das Motorradfahren mit vielen lieben Menschen teilen, sie durch unsere Arbeit und unseren Service zum Schwärmen bringen, zu einem perfekten Urlaubserlebnis beitragen: das ist und bleibt unser Traum!", sagen die beiden über ihre Passion. Seit 2004 betreiben Johannes und Anke gemeinsam mit ihrem zehnköpfigen Team ihren Motorrad-Service auf Mallorca. Ob Motorradvermietung, geführte Motorradtouren oder Endurotraining: Mallorquin-Bikes bietet „Full Service" mit ganz individueller Betreuung.

Allerneueste Modelle

Über 50 BMW-Modelle stehen bei Mallorquin-Bikes zur Auswahl. Als offizieller BMW-Partner stellt das Unternehmen sicher, dass stets die aktuellen Modelle zur Verfügung stehen. Aber nicht nur das – im Rahmen des BMW-Testride-Programms lassen sich auch die allerneuesten Modelle ausgiebig testen und die Maschinen können während der Touren untereinander getauscht werden. Dabei kann man zum Beispiel auch mal den brandneuen R nineT-Modellen oder den neuen F-Enduros auf den Zahn fühlen.

Neben BMW-Fahrern kommen aber auch die Freunde anderer Marken zu ihrem Recht, so stehen zur Zeit auch einige Ducati und Honda zur Verfügung. Der Fuhrpark wird auch markenübergreifend stetig ausgebaut.

Auch Enduro-Trainings werden angeboten.

Übrigens, gute Motorräder fährt man am besten in guter Schutzkleidung. Wenn man mit der Enduro ins Gelände möchte, erst recht. Und weil das alles nicht so gut ins Fluggepäck passt, gibt es die Motorradbekleidung, Helme, Handschuhe und Stiefel bei Mallorquin Bikes dazu. Und das Ganze für eine einmalige Pflegepauschale von gerade mal fünf Euro pro Vermietung. >

Macht alles möglich: das Mallorquin-Bikes-Team.

Die bestens ausgestattete Werkstatt.

Dass sich das Mallorquin-Bikes-Team mit Motorrädern bestens auskennt, stellt die Mannschaft auch in ihrer Werkstatt täglich aufs Neue unter Beweis. Seit Mitte 2016 wird eine eine offizielle Motorradwerkstatt für BMW, Ducati, Honda und weitere Marken betrieben. Die jahrelange Erfahrung, die das Team bei der Wartung und Aufbereitung der Miet-Motorradflotte gesammelt hat, können nun alle Motorradfahrer auf der Insel nutzen. Natürlich sind auch Motorradfahrer willkommen, die mit ihrem eigenen Zweirad auf der Insel unterwegs sind. Service und Inspektionen, große und kleine Reparaturen, Beratung und Einbau von Zubehör der Mallorquin-Bikes-Partner – alles kein Problem.

Mallorquin-Bikes ist auch Hepco & Becker-Testcenter.

On- und Offroad

Ab ins Gelände! Wo lässt sich unbeschwert Enduro fahren? Natürlich auf Mallorca. Die Insel bietet tolle Gelegenheiten für Endurofahrer und Mallorquin-Bikes kennt sie alle. Mit Erlaubnis der Besitzer und Behörden führen Johannes und sein Team über interessante Wald- und Feldwege durch einsame Landschaften. Und wer

Nur ein ganz kleiner Teil der Flotte.

es richtig wissen will, der fährt mit ins eigene abwechslungsreiche Trainingsgelände bei Felanitx und absolviert ein umfangreiches Enduro-Basistraining. Dafür steht eine ganz spezielle Honda-Flotte zur Verfügung: CRF und CRF-X Modelle, 250er und 450er. Die idealen Spaßgeräte mit äußerst gutem Handling. Die Motoren sind optimal abgestimmt für Trial-Passagen, Single-Trails und alle Tracks, auf denen trainiert wird – auf allen Levels, ganz individuell angestimmt und auf Wunsch auch mit Spezialtraining auf Reise-Enduros.

Wer nicht gerne alleine unterwegs ist oder noch weitere Strecken erkunden möchte, vertraut sich den Tourguides von Mallorquin-Bikes an. Die kennen wirklich jeden Maulwurfshügel der Insel und man erfährt gleichzeitig auch die eine oder andere Anekdote und lernt etwas über die Insel. Auch bei der Buchung von Unterkünften ist Mallorquin-Bikes behilflich und der tolle Abholservice vom Flughafen klappt auch stets reibungslos.

MALLORQUIN-BIKES
Carrer de Santa Caterina Thomas 48
07200 Felatnix

Mobil immer erreichbar:
0034 609 237 637
Festnetz: 0034 871 986 469
www.mallorquin-bikes.de
info@mallorquin-bikes.de
GPS 39.474328, 3.148428

Öffnungszeiten: 9.00 - 13.30 und 17.00 - 19.30 Uhr, täglich, auch sonntags.

Unterwegs auf dem eigenen Offroad-Gelände.

KLIMA | WETTER | REISEZEIT

Realistisch betrachtet ist Mallorca ein echtes Ganzjahresziel. Das mediterrane Klima sorgt für frostfreie und meist sehr milde Winter, in denen es allerdings bisweilen mal kräftig regnen kann. Wir hatten im Februar schon innerhalb von vier Tagen kuschelige Wärme und Schneeflocken. Im frühen Frühling grünt und blüht es überall, das touristische Treiben hält sich noch in Grenzen. Die Sonne sorgt für herrliche Wärme. Ähnlich im Herbst – wenn es zu Hause schon Bindfäden regnet und schweinekalt ist, hält sich weit draußen im Mittelmeer noch die Wärme und die Sonne ist noch lange nicht im Ruhestand. Wir waren auch schon im Hochsommer mit dem Motorrad auf Mallorca unterwegs – durchaus machbar. Zwar darf man dann nicht wirklich hitzeempfindlich sein, aber die Straßen sind erstaunlich leer. Man ist eben lieber am Strand. Dafür hat man eben eine Schönwetter-Garantie. Von blühenden Landschaften ist dann auch nicht mehr viel zu sehen, die Vegetation verdorrt bis auf die immergrünen Exemplare.

PRAKTISCHES

Für den Fall eines echten Notfalles helfen vor Ort die Konsulate der Heimatländer kompetent weiter:

DEUTSCHES KONSULAT

Calle Porto Pi 8, 07015 Palma
T. (+34) 971 70 77 37

ÖSTERREICHISCHES KONSULAT

Carrer Paraires 23, 07001 Palma

T. (+34) 971 42 51 46

SCHWEIZERISCHES KONSULAT

Carrer d'Antonia Martínez Fiol 6,

07010 Palma

T. (+34) 971 76 88 36

Interessante Internetseiten für weitere Informationen:

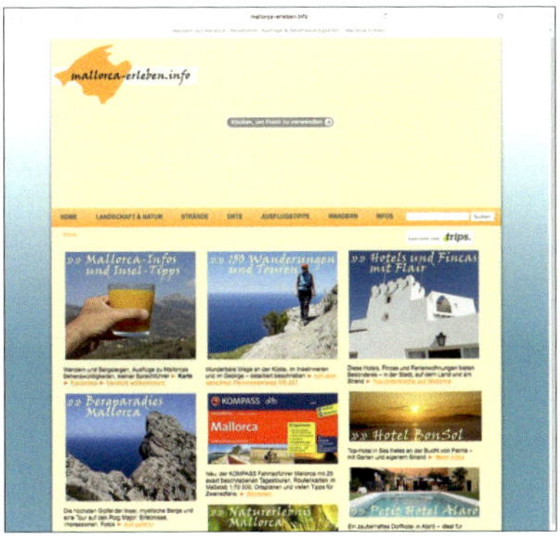

Die offizielle Seite der Tourist Information Mallorca.

www.mallorca-erleben.info

Der Name ist Programm

www.mallorcatipps.com

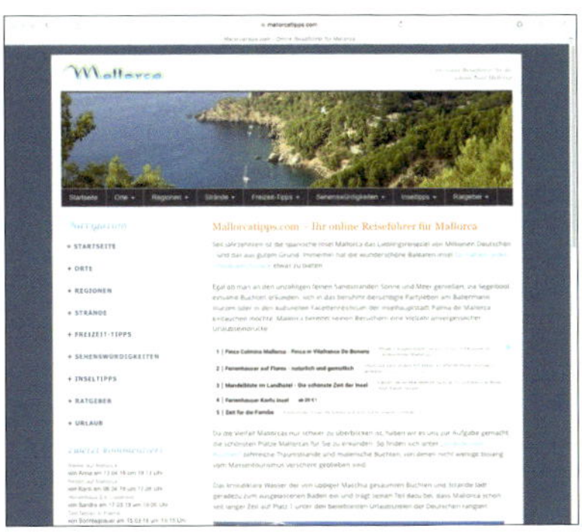

Lesenswertes Online-Reisemagazin

www.mallorca-journal.info

Umfassende Seite des spanischen Fremdenverkehrsamts.

www.spain.info

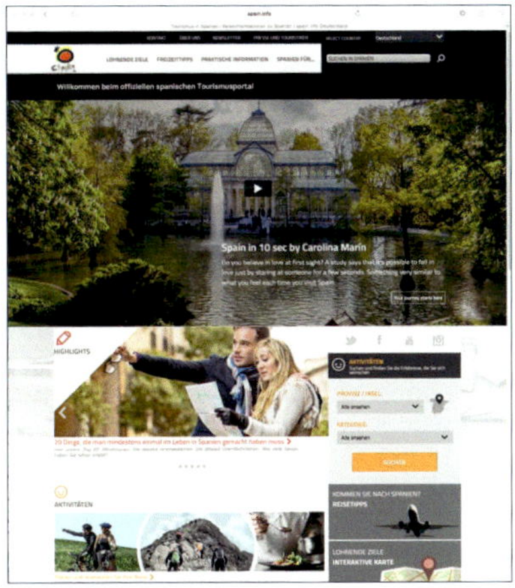

Sehr hilfreich sind die örtlichen Touristinfo-Büros, die in fast jeder etwas größeren Gemeinde existieren. Hier gibt es Infos, Broschüren, Karten und freundliche und kompetente Hilfe zu allen Themenbereichen.

ANREISE, Motorrad mieten

Die weit überwiegende Zahl der Mallorca-Besucher fliegt auf die Insel, das gilt natürlich auch für Motorradfahrer. Palma ist einer der meist frequentierten Flughäfen der Welt, entsprechend groß ist die Zahl der Verbindungen. Die einschlägigen Flugportale spucken Dutzende Flüge aus.

UNSER KLARER TIPP: Von zu Hause aus das Motorrad mieten und in Zusammenarbeit mit dem Vermieter die Unterkunft klar machen. Unser absoluter Favorit ist Mallorquin Bikes. Johannes, Anke und ihr Team stellen aktuelle, bestens gewartete und ausgestattete Motorräder, sehr gute Kleidung und Helme inklusive. Via Shuttle wird man vom Flughafen abgeholt und zum Verleih nach Felanitx gebracht. Die vermittelten Unterkünfte sind prima und wer mag, schließt sich geführten Touren oder spannenden Offroad-Kursen an – besser geht's nicht. Alle Infos dazu gibt's unter **www.mallorquin-bikes.de**.

Übrigens, natürlich kann man auch mit dem eigenen Motorrad nach Mallorca düsen. Dann geht's im Fährhafen von Barcelona auf das Schiff und über Nacht nach Palma. Die passende Verbindung lässt sich über **www.directferries.de** schnell finden und buchen.

NOCH EIN WICHTIGER TIPP: Die Strafen für Verkehrsvergehen sind in Spanien, wie fast überall in Europa, höher als in Deutschland. Zwar haben wir persönlich spanische Polizisten meist als sehr entspannt erlebt, aber wenn es blitzt, kann es richtig teuer werden. Seit mehreren Jahren ist das EU-Abkommen zur Vollstreckung von Bußgeldern in Kraft. Das bedeutet, dass für spanische Knöllchen auch in Deutschland bezahlt werden muss, sonst wird's noch teurer.

UNTERKUNFT

In den jeweiligen Kapiteln haben wir hilfreiche Tipps zur Übernachtung angegeben. Grundsätzlich gibt es Unterkünfte auf Mallorca wie Sand am Meer. Wir haben damit noch nie ein Problem gehabt. Über die einschlägigen Portale lassen sich Unterkünfte jeglicher Kategorie finden, unser persönlicher Favorit ist **www.booking.com**. Das Portal macht die Suche nicht nur einfach, es lassen sich auch günstigere Preise aufrufen, als wenn man einfach vor der Tür steht. Bei der Buchung kann man sich auch auf die Mallorquin Bikes-Mannschaft verlassen, die sehr ansprechende Unterkünfte vermittelt.

Camping ist ziemlich Fehlanzeige auf der Baleareninsel. Unseres Wissens nach gibt es nur einen einzigen Campingplatz auf Mallorca: Den Club Albergue Hipocampo in der Nähe von Santanyi. Alle Infos dazu gibt es unter **www.clubhipocampo.com**.

LITERATUR | REISEFÜHRER KARTEN

Wir greifen üblicherweise zur **MICHELIN REGIONAL-KARTE 579 BALEAREN** (Mallorca, Ibiza, Menorca) im perfekten Maßstab 1:140.000 mit Stadtplänen, Ortsverzeichnis und weiteren Infos. Preis 8,99 Euro.

ISBN 978-2067228573

VOR ORT gibt es eine deutschsprachige, reißfest laminierte **RADWANDERKARTE** im Maßstab 1:100.000, die uns ebenfalls überzeugte und sehr viele Details zeigt.

Neben regionalen Reiseführern, die es oft auch vor Ort in deutscher Sprache gibt, ist dieser Band aus der Reihe **REISE KNOW HOW** unser Standardwerk: **MALLORCA** – Das Handbuch für den optimalen Urlaub, 524 Seiten, für 22,50 Euro.

ISBN 978-3896627438

Weitere Tourenvorschläge gibt es natürlich auch von **MALLORQUIN BIKES** direkt. Johannes und seine Guides kennen die Insel in- und auswendig, geben gerne Tipps und gute Ratschläge und bieten geführte Touren über die ganze Insel an.

Lust auf spannende spanische Festlandtouren? Der **BIKER ATLAS EUROPA SÜD 2018** von **BIKER BETTEN** bietet 134 kurzweilige Touren in sieben Ländern. Und natürlich sind da auch jede Menge Spanientouren dabei – mit Karten, Tipps und Infos. Für 11,95 Euro.

ISBN 978-3937063447

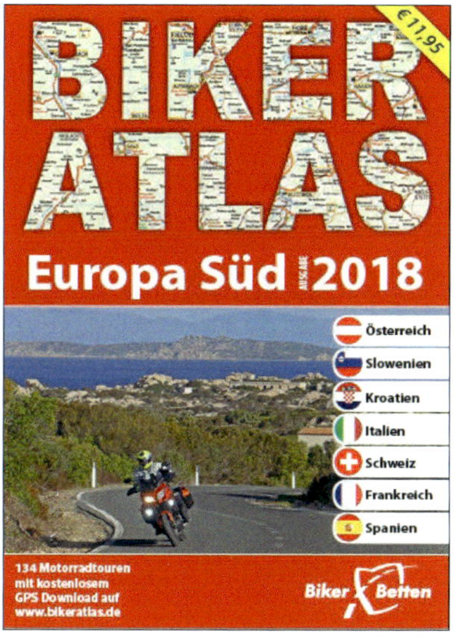

Kleiner **Sprachführer**

Für eure Motorradreise nach Mallorca sind hier die wichtigsten Begriffe und Redewendungen in Spanisch zusammengestellt.

Hinweise zur Aussprache | Sonderzeichen:

c vor a-o-u	K	
ñ	nj	(z.B. baño = banjo)
c vor e - i	wie th im Englischen	
ch	sch	
ll	j	(z.B. llover = jover)

VERSTÄNDIGUNG

ja / nein	si / no
was / wann / wo/ hier	Que / cuando / donde / aquí
Sprechen Sie Deutsch?	Habla aleman?
Haben Sie mich verstanden?	Me ha entedido?
Ich habe verstanden.	He entendido
Ich habe das nicht verstanden.	No he entendido

BEGRÜSSUNG | VERABSCHIEDUNG

Hallo	Hola
Guten Tag / Abend	Buenos dias / buenas tardes
Wie geht es Dir / Ihnen?	Como estas? / Como esta Usted?
Auf Wiedersehen / tschüss	Adios / hasta luego

KENNENLERNEN

Ich heiße…	Me llamo
Wie heißt Du / heißen Sie?	Como te llamas? Como se llama?
Woher kommst Du / kommen Sie?	De donde vienes? De donde viene?
Ich komme aus Deutschland /	Vengo de Alemania/
Österreich / der Schweiz	vengo de Austria/ vengo de Suiza

HÖFLICHKEIT

Bitte	por favor
(Vielen) Dank (e)	gracias
Könnten Sie mir bitte helfen?	Podría ayudarme?
Entschuldigen Sie!	Perdone!
Das macht nichts!	no pasa nada

NOTRUFNUMMERN IN FRANKREICH (números de emergencía)

091 (pollicia) | 112 (bomberos) | 112 (ambulancia)

UNTERKUNFT

Wo ist die Touristeninformation?	Donde está la información turistica?
Können Sie mir ein gutes Hotel / preiswertes Hotel / eine Pension / eine Privatunterkunft empfehlen?	Me podría recomendar un hotel bueno / un hotel economico/ un alojamiento privado?
Wie komme ich dorthin?	Como puedo llegar ahí?
Haben Sie ein Einzelzimmer / Doppelzimmer frei?	Tiene una habitación individual / una habitación doble?
Wie viel kostet es?	Que es el precio? Cuando cuesta?
Ich nehme es!	lo tomaré

WETTER

Was sagt der Wetterbericht?	Que dice el boletín meteorológico?
Es wird schön / warm / heiß / schwül / kalt / schlecht	El tiempo será bien / caliente / caluroso / bochornoso / frío / mal
Es wird regnen	lloverá
Es wird ein Gewitter kommen	habrá tormenta
Sonne	el sol

RUND UMS BIKEN

Anlasser	el arrancador
Auspuff	tubo de escape
Ersatzteil	piezas de recambio
Führerschein	permiso de conducir
Zoll	duana
Grenze	fronters
Helm	csco
Kreuzung	cruze
Licht	luz
Maut	peaje
Öl	aceite
Parkplatz	aparcamiento
Reifen	ruedas
Reifendruck	presión de neumáticos
Schlüssel	llave
Straße	calle
links / rechts / geradeaus	izquierda/ derecha/ recto
weit	lejos
zurück	hacia atrás

FÄHRE

Wann fährt die nächste Fähre nach...ab?	A que hora sale el proximo ferri a...?
Wie lange dauert die Überfahrt nach...?	Cuando dura la pasada?
Wann legen wir in...an?	Cuando llegarémos a...?

UNTERWEGS

Entschuldigung, wo ist...?	Perdone, donde esta ...?
Wie komme ich zu / nach...?	Como puedo llegar a...?
Können Sie mir das bitte auf der Karte zeigen?	Podría enseñarmelo en le mapa?
Wie weit ist es?	Que lejos esta?
Wie viele Minuten mit dem Motorrad?	Cuantos minutos en moto?
Ist das die Straße nach...?	Es está la calle/ carretera a.../
Wie komme ich zur Autobahn?	Como puedo llegar a la autopista?
Wo kann ich mein Motorrad abstellen?	Donde puedo aparcar mi moto?
Wie hoch ist die Gebühr für ein Motorrad?	Que es la tarifa para una moto

ESSEN UND TRINKEN

essen / trinken	comer / beber
Wo gibt es hier ein preiswertes / typisches Restaurant?	Donde hay un restaurante económico/ típico cerca? cerca?
Einen Tisch für ... Personen bitte!	Por favor una mesa para... Personas
Die Speisekarte bitte!	El menú/ la carta por favor
Kann ich noch etwas Warmes zu essen bekommen?	Todavía podría comer algo caliene?
Ich möchte nur etwas trinken.	Solo quiero beber algo
Die Rechnung bitte!	La cuenta, por favor
Suppe	la sopa
kalte / warme Vorspeisen	entremeses frios/ calientes
Fleischgerichte	platos de carne
Fisch	pescado
Gemüse	verduras
Beilagen	acompañamientos
Käse	el queso
Brot	el pan
Bier	le cerveza
Rot-/Weißwein	vino tinto/ blanco
Kaffee	el café
Wasser	el agua
Tasse	la taza
Glas	el vaso
Teller	el plato

Messer	el cuchillo
Gabel	el tenedor
Löffel	la cuchara
Frühstück	el desayuno
Mittagessen	la merienda
bestellen	pedir

RUND UM DIE PANNE / DEN UNFALL

Bitte helfen Sie mir!	Por favor, ayudeme!
Ich habe kein Benzin mehr	No tengo gasolina
Wo ist die nächste Tankstelle?	Donde está la gasolinera mas cerca?
Ich habe eine Reifenpanne	Tengo la rueda pinchada
Ich habe eine Motorpanne.	Tengo una avería del motor
Die Batterie ist leer.	la batería está vacia
kaputt	roto
Wie teuer wird die Reparatur ungefähr sein?“	Que va a costar aproximadamente la reparatura?
Machen Sie bitte nur das Nötigste.	Por favor aregle solo lo más necesario
Wann ist es fertig?	Cuando estará terminado?
Wo ist die nächste Werkstatt?	Donde está el taller mas cerca?
Es ist nicht meine Schuld!	no es mi culpa!
Ich hatte Vorfahrt!	Yo tenía preferencia de paso
Sie sind zu schnell gefahren!	Usted iba demasiado rápido!
Es ist ein Unfall passiert.	Hay una acidente
Zeuge	testigo
Ich bestehe darauf, die Polizei zu rufen!	Insisto a llamar la policia!
Rufen Sie bitte schnell die Polizei / die Feuerwehr / einen Krankenwagen	Por favor llame rápidamente la policia/ los bomberos/ una ambulancia

GRUNDZAHLEN

0 zero
1 uno
2 dos
3 tres
4 cuatro
5 cinco
6 seis
7 siete
8 ocho
9 nueve

10 diez
11 once
12 doce
13 trece
14 cuatorce
15 quince
16 dieciséis
17 diecisiete
18 dieciocho
19 diecinueve

20 vente
21 ventiuno
22 ventidos
25 venticienco
50 cinquenta
100 cien
500 quinientos
1000 mil
2000 osmil
10000 diezmil